W0332070

natürlich oekom!

Mit diesem Buch halten Sie ein echtes Stück Nachhaltigkeit in den Händen. Durch Ihren Kauf unterstützen Sie eine Produktion mit hohen ökologischen Ansprüchen:

- 100 % Recyclingpapier
- mineralölfreie Druckfarben
- Verzicht auf Plastikfolie
- Kompensation aller CO_2-Emissionen
- kurze Transportwege – in Deutschland gedruckt

Weitere Informationen unter www.natürlich-oekom.de und #natürlichoekom

natürlich oekom · nachhaltig seit 1989

Bibliografische Information der Deutschen Nationalbibliothek:
Die Deutsche Nationalbibliothek verzeichnet diese Publikation
in der Deutschen Nationalbibliografie; detaillierte bibliografische
Daten sind im Internet über www.dnb.de abrufbar.

oekom – Gesellschaft für ökologische Kommunikation mbH
Goethestraße 28, 80336 München
+49 89 544184 – 200
www.oekom.de

Layout und Satz: le tex, xerif
Lektorat: Uta Ruge
Korrektur: Lena Denu
Umschlaggestaltung: Laura Denke, oekom verlag
Umschlagabbildung: © Adobe Stock: Serhii
Druck: Elanders Waiblingen GmbH, Waiblingen

ISBN 978-3-98726-094-0
https://doi.org/10.14512/9783987263354

FSC www.fsc.org RECYCLED Papier aus Recyclingmaterial FSC® C016368

JOHANNES LIESS

Wirtschaften mit Herz und Verstand

Auf dem Weg zu einer lebensfördernden Ökonomie

oekom

Wir sehnen uns nach einer heilen, gesunden, lebendigen Welt:
nach Leben.

Inhalt

Kapitel 1

IDEE

Der Weg aus der Krise

Vision eines guten Lebens

Mal angenommen, wir lebten in einer wunderbaren Welt, in einer Welt, in der die Sonne scheint, es regnet oder auch mal hagelt und stürmt und der Wind die Blätter von den Bäumen fegt, der Schnee leise vom Himmel fällt, wir morgens vom Gezwitscher eines Vogels geweckt werden und wir uns schon beim Aufwachen auf unsere Arbeit freuen, auf unsere Kolleginnen und den knorrigen Busfahrer. In dieser Welt sind Eisbären zu Hause, alle haben ausreichend zu essen, alle Mädchen dürfen in die Schule, und es gibt keine Kriege mehr. Es wäre eine bunte Welt, eine Welt voller Leben.

Die Medien berichteten jeden Tag von der Entstehung und Entdeckung neuer Tier- und Pflanzenarten, dem Rückgang des CO_2 in der Atmosphäre, dem beschleunigten Wachstum des Grönlandeises und der Gletscher in den Alpen. In der Spree, mitten in Berlin, wurden erstmals Lachse gesichtet, wohl aufgrund ihrer vorzüglichen Trinkwasserqualität, und, was für eine Überraschung, der letzte Flüssiggastanker, die *Robert Habeck*, wurde ins Museum der fossilen Dinosaurier überführt. Von Kriegen können die Medien nicht berichten, es gibt einfach keine mehr. Aber nicht alle Nachrichten sind Friede-Freude-Eierkuchen, es wird viel gekämpft – um Wahrheit, um Frieden, um bessere Schulen, pünktliche Züge und um die besten Mitarbeitenden. Seit der Abschaffung der Arbeitslosigkeit überleben nur noch Betriebe, die ihre Mitarbeitenden gut behandeln und fair entlohnen, und freitags backt die Chefin, falls es die dann überhaupt noch gibt, für alle einen Kuchen, oder sie steht am Grill und wendet das Gemüse – natürlich auch den Spreelachs. Es wäre eine bunte Welt, eine Welt voller Leben.

Ganz egal, ob Fisch oder Gemüse, dick oder trans, Kind oder Katze, Vogel oder Baum – alle Lebewesen, alle Menschen, Tiere, Pflanzen gehören einfach dazu und sind willkommen, kein einziges Lebewesen wird, mit welcher Begründung auch immer, diskriminiert, auch nicht Bibi, mein kleiner, Hund mit den riesigen Ohren und seinem Stummelschwanz. Es wäre eine bunte Welt, eine Welt voller Leben.

Wie könnte das funktionieren?

> Das Leben wird in den Mittelpunkt all unseres wirtschaftlichen Handelns gestellt, Lebensförderndes wird gefördert, Lebensvernichtendes vernichtet.

Die immer aktuelleren Natur- und Umweltkrisen führen uns jeden Tag vor Augen, dass rund um den ganzen Erdball das Leben das Schützenswerteste ist, das wir haben. Menschliches Leben ist Teil der Biosphäre und kann nur im Zusammenhang mit ihr geschützt und gefördert werden. Wie sich aber auch während des Lockdowns gezeigt hat, ist der Schutz des biologisch-körperlichen Lebens nicht ausreichend, solange es zur Verwahrlosung sozialen und kulturellen Lebens führt. Das heißt, soll menschliches Leben geschützt werden, ist eine Reduzierung auf seinen biologischen Körper nicht ausreichend. Der Begriff *Leben* wird von mir in der *Ökonomie des Lebens* sehr weit gefasst. Aus der Erkenntnis heraus, dass menschliche Leben nicht singulär sind, sondern nur als Teil der Biosphäre existieren, umfasst der Lebensbegriff auch die ganze natürliche Biosphäre. Diesen Bereich bezeichne ich als *Natur*.

Wie der menschliche Körper Teil der Biosphäre ist, kann menschliches Leben nur eingebettet in ein soziales Umfeld gelingen. Dieses besteht aus Beziehungen, Abhängigkeiten und Ordnungen, ich nenne diesen Bereich *Struktur*. Hinzu kommt noch eine weitere Ebene, die der Kultur. Auf diese Ebene ist das menschliche Leben am wenigsten angewiesen – auf den ersten Blick. Wie das weltweite Pandemiemanagement gezeigt hat, ist ein Überleben tatsächlich ohne Kultur möglich. Nur ist das Leben dann nicht mehr so menschlich, wie es sein sollte. Also auch auf dieser Ebene, der *Kultur*, ist das Leben zu schützen und zu fördern.

Eine Ökonomie des Lebens schützt und fördert das Leben auf allen Ebenen, *Natur*, *Struktur* und *Kultur*.

Was läuft schief?

Alle Krisen unserer Zeit können auf eine dieser drei Ebenen zurückgeführt werden.

> NATUR-Krisen:
> Umweltverschmutzung, Klimaveränderung, Artensterben, Ressourcenverbrauch, CO_2-Ausstoß, Flächenversiegelung.
>
> STRUKTUR-Krisen:
> Demokratieversagen, Ungleichheit, Hunger, Kriege, Diskriminierung, Arbeitslosigkeit.
>
> KULTUR-Krisen:
> Bildungskrise, Kirchenkrise, Kulturkrise, Propaganda, Fake News, Zensur.

Wir leben in einer wunderbaren Welt, und wir sind dabei, sie zu ruinieren. Im unendlichen Weltraum fliegen einsame Gesteinsbrocken herum, und ein einziger davon ist mit einer dünnen Schicht Leben überzogen, mit Blumen, Schmetterlingen, Steinböcken und Eisbären und – ja, auch die gehören dazu – mit Menschen.

Dieser, wie ein französischer Weichkäse mit einer dünnen Lebensschicht überzogene Gesteinsbrocken, ist unsere Erde. Wir haben nur diese eine und sollten gut auf sie aufpassen. Das tun wir Menschen aber nicht, wir zerstören sie jeden Tag. Langsam aber sicher sind wir dabei, das blühende Leben, die dünne Lebensschicht auf der Erdoberfläche, in eine braune, stinkende, blubbernde Masse zu verwandeln.

Wieso machen wir das? Und zwar sehenden Auges? Wir wissen, wir haben nur diese eine Erde, wir wissen, wir haben nur dieses eine Leben, und wir wissen, wir sind Teil des Lebens, das wir vernichten.

Wir tun es, und das ist paradox, weil wir das Leben lieben!

Wir wollen leben, wir möchten lebendig sein, das Leben spüren, den Wind im Gesicht, den Schnee unter den nackten Füssen, die Wärme der ersten Sonnenstrahlen am Morgen und die Katze auf dem Schoß, und wir wollen einen geliebten Menschen umarmen und mit ihm Tango tanzen.

Weil wir das Leben lieben, und weil wir leben wollen, machen wir alles, um dieses Leben zu fördern und zu erhalten. Der unstillbare Hunger nach Leben führt zu einer kontinuierlichen Expansion. Stillstand ist nicht möglich, denn Stillstand ist der Tod. Nur leider führt die Art und Weise, wie wir leben, auch zum Tod von Schmetterlingen, Eisbären und von Kindern, die verhungern.

Das Problem ist nicht, dass wir das Leben lieben, sondern wie wir leben und handeln und, vor allem, wie wir wirtschaften. Unser aktuelles Wirtschaften, wie immer wir das nennen, ob *Kapitalismus, Neoliberalismus* oder *Green New Deal*, stillt den Hunger nach Leben mit viel Zucker, schnellen Autos, einem neuen iPhone und vielen unhaltbaren Versprechungen, die nie eingelöst werden. Das alles stillt den Hunger nach Leben nicht wirklich, macht dafür aber unglücklich und krank und zerstört die Umwelt, was dann auch wieder unglücklich und krank macht.

Wege aus der Krise?

Das Problem ist erkannt. Der Aufschrei ist groß: Wir müssen das Klima retten. Das Artensterben stoppen und Tama, ein kleines somalisches Mädchen, vorm Verhungern retten. Und, fast vergessen, auch noch unsere Wirtschaft wieder mal in Schwung bringen oder zumindest in Schwung halten, damit sie nicht zusammenbricht. Zur Behebung all dieser Probleme werden zwei Wege vorgeschlagen: radikaler Verzicht oder massive Ausweitung der Konsumzone.

Radikaler Verzicht

Der radikale Verzicht sieht vor, den Konsum massiv einzuschränken und dadurch den CO_2-Ausstoß radikal zu reduzieren. Dieser Ansatz ist spätestens seit 1972 bekannt, seit der Veröffentlichung des Buches *Die Grenzen des Wachstums*, also seit 50 Jahren![1] (Was glauben Sie, hat meine Mama mir abends vorgelesen?)

Wieso hat sich dieses Konzept nicht durchgesetzt? Erstens, es macht einfach keinen Spaß, und es widerspricht unserem Bestreben zu wachsen und uns weiterzuentwickeln. Und zweitens, noch viel relevanter, es widerspricht dem Grundsatz des Kapitalismus, dem Wachstum. Der Kapitalismus war und ist stärker.

Sehr anschaulich konnte ich die Ausweglosigkeit dieses Ansatzes, des radikalen Verzichts, erleben, als Herr Jakob, ein Herr im fortgeschrittenen Rentenalter, auf einer *Zukunftskonferenz* in Stuttgart im Jahr 2018, also noch vor der aktuellen Energiekrise, sich zu Wort meldete und die Frage stellte: Was könne man denn noch alles tun, um die Welt zu retten? Er heize seine Wohnung nur noch auf 16° C, benutze lediglich eine 5 W Sparlampe, mache alle Wege zu Fuß und kaufe nur im Bioladen ein, und zwar vegan.

Das Traurigste an diesem Beispiel ist, dass es nichts bringt. Denn selbst wenn Herr Jakob seinen persönlichen Konsum komplett einstellt, wäre sein ökologischer Fußabdruck aufgrund der gesellschaftlich vorgehaltenen Infrastruktur, wie zum Beispiel des Stuttgarter Bahnhofs, einer Großbaustelle, die seit 2010 die Innenstadt der Schwabenmetropole ruiniert, oder der für jeden in Deutschland lebenden Menschen gebauten 210 Quadratmeter Verkehrsfläche,[2] immer noch zu groß für diese eine Welt. Hungrig, einsam und frierend in einer kleinen dunklen Wohnung sitzend, retten wir die Welt nicht.

Selbstverständlich ist es sinnvoll, den eigenen Konsum zu hinterfragen und ihn auch sinnvoll einzuschränken. Wo also ist der Fehler? Der Fehler liegt in der Individualisierung der Verantwortung. Die großen Krisen können nur als gesamtgesellschaftliche Aufgabe gelöst werden. Und hier wird es spannend. Soll Kanzler Scholz Autos verbieten? Für Jugendliche ist die Rettung des Klimas die aktuell wichtigste Aufgabe, wie die Umfrage Jugend in Deutschland 2021 ergab, aber ein Leben ohne Auto können sie sich nicht vorstellen![3] Und genau das ist, in meinen Augen, der Knackpunkt: Sie können es sich nicht vorstellen. Es fehlt der Jugend, und wohl auch den meisten anderen, eine Vision einer wunderbaren, lebensfrohen Zukunft, einer Zukunft, die sie sich vorstellen und nach der sie sich sehnen können. Wir müssen Lust auf Zukunft bekommen, und hierfür brauchen wir bunte Bilder und aufregende Geschichten einer gesunden und lebendigen Welt. Verzicht und Verbote sind nicht sexy.

Maximaler Konsum

Das zweite Konzept, die massive Ausweitung der Konsumzone, verspricht, die Welt durch mehr Konsum zu retten. Das ist sehr verlockend, es gibt keine Verbote, niemand muss auf nichts verzichten. Wenn wir jetzt ganz schnell ganz viele Teslas produzieren, ist die Welt schon fast gerettet. Alles CO_2-frei! Im Jahr 2023 fuhren laut *Bundesumweltamt* zwei Prozent der Autos in Deutschland mit Strom.[4] Da der Strom zur Hälfte mit Wind und Sonne erzeugt wurde, verbrauchte der Autoverkehr also ein Prozent nachhaltig erzeugte Energie, 99 Prozent waren aus Kohle, Öl und Gas, und der Ressourcenverbrauch für die Autoproduktion ist hier noch gar nicht mitgerechnet. Zwei Tonnen Stahl, Kunststoffe und Glas. Mehr Konsum rettet nur die Rendite und nicht die Umwelt.

Warum fällt es uns so schwer, den Pfad der Ausweitung der Konsumzone zu verlassen, obwohl er die Umwelt zerstört und wir das wissen?

Weil dieses Konzept unseren Wunsch nach Wachstum und Entwicklung bedient. Es hält Händchen mit der unsichtbaren Hand des Marktes. Es fühlt sich auch irgendwie gut an. Alles wird größer, schneller und bunter. Der MC20, das nagelneue Modell von Maserati, hat einen Verbrennungsmotor mit 630 PS und fährt 325 Stundenkilometer. Maserati sagt zum Benzinverbrauch bei dieser Geschwindigkeit gar nichts, es dürften 30 bis 40 Liter auf 100 Kilometer sein, Maserati sagt: *ein Supersportwagen mit Seele.*[5]

Beide Wege vernichten Leben. Der erste durch Verhungern, der zweite durch überkonsumieren. Und welcher ist uns lieber? Natürlich der zweite. Weltweit sterben mehr Menschen an Zu-viel-Essen als an Zu-wenig-Essen.[6]

Wie könnte es besser laufen?

So stellt sich jetzt die Frage: Wie durchbrechen wir diesen Teufelskreis? Kann es eine Lebensweise, eine Wirtschaft geben, mit der wir weder uns noch unseren Planeten ruinieren? Und wie könnte diese aussehen? Und da sind wir beim Entwurf einer *Ökonomie des Lebens.*

> Die Idee ist, nicht das Kapital, sondern das Lebendige zu maximieren, also die Ablösung der *Ökonomie des Kapitals* durch eine *Ökonomie des Lebens*. Der Kapitalismus wird so transformiert, dass seine starken Kräfte nicht mehr zerstörerisch, sondern lebensfördernd wirken.
>
> In der *Ökonomie des Lebens* rückt die Förderung und Pflege des Lebens in den Mittelpunkt als Leitlinie unseres Lebens, Arbeitens und Wirtschaftens. Das Leben an sich wird damit zum handlungsleitenden Maßstab.

Wie ist diese Idee entstanden?

Wir leben in einer Zeit der Umbrüche und Unsicherheiten. Viele vertraute Gewissheiten und festen Überzeugungen werden uns, fast über Nacht, unter den Füßen weggezogen. Wir wissen, so wie wir leben, arbeiten und wirtschaften, kann es nicht mehr lange weitergehen.

Das führt uns, ob wir wollen oder nicht, zu der Frage: *Wie kann Leben gelingen?*

Wie können wir hier und jetzt auf dieser Erde leben, zum Wohle aller Menschen, Tiere und Pflanzen und des ganzen Planeten? *Was ist wirklich wichtig im Leben?*

Die Corona-Pandemie brachte sehr deutlich zum Vorschein, was uns Menschen wirklich wichtig ist, das ist unser Leben. Aus Angst, das Leben zu verlieren, verzichteten wir auf maßgebliche und lange erkämpfte Grundrechte. Wichtige Institutionen wie Wirtschaft, Kultur oder Kirche wurden massiv eingeschränkt. Was bis vor kurzem noch undenkbar schien, war auf einmal Wirklichkeit. In diesem Sinne könnte diese Situation auch als Krise des Lebens gedeutet werden.

Wie sich aber auch zeigte, wurden die ergriffenen Maßnahmen nicht nur mit offenen Armen willkommen geheißen. Dabei wurde nicht der Schutz des Lebens an sich infrage gestellt, sondern die konkrete Umsetzung des Schutzes. Zur Diskussion standen Angemessenheit, Umfang und Wirksamkeit der Eindämmungsstrategien. Der Unmut wird gespeist von realen Verlusterfahrung in zwischenmenschlichen Beziehungen und kulturellem Erleben.

Die einseitige Fokussierung auf das körperlich-biologische Leben führte zur Vernichtung von sozialem und kulturellem Leben. Das wiederum führte zu sozialen und psychischen Erkrankungen, die dann im weiteren Verlauf das eigentlich geschützte, körperlich-biologische Leben zerstörten. Ein wirklicher Schutz des Lebens ist also nur durch den Schutz aller Lebensbereiche, des physischen, des sozialen und des kulturellen Lebens möglich.

Damit soll nicht ausgeschlossen werden, dass eine situationsbedingte Schwerpunktsetzung von Schutzmaßnahmen sinnvoll sein kann, sie sollte nur ausreichend bedacht und abgewogen sein. Warum beschließen unsere Profipolitiker das Tragen von Masken für Kinder in Kitas, aber nicht das Tragen von Masken für Politikerinnen in Flugzeugen?[7]

Und noch einmal, wenn uns das Leben so wichtig ist, wie die aktuelle Lebenskrise gezeigt hat, wieso vernichten wir es dann permanent und im ganz großen Stil? Leidenschaftlich zerstören wir unsere physische, soziale und kulturelle Umwelt und damit unsere Lebensgrundlagen. Abzulesen an den Umweltkatastrophen Klimaerwärmung, Artensterben und Erschöpfung natürlicher Ressourcen, an den sozialen Katastrophen wie Flüchtlingskrise, Hunger und Armut und der flächendeckenden Vernichtung kulturellen Lebens. Obwohl wir das Leben schützen wollen. Wieso zerstören wir es dann?

Weil wir es nicht merken! Weil uns die Zerstörung in unserem täglichen Handeln nicht bewusst ist.

Die Zerstörung erfolgt nicht als Selbstzweck, sie erfolgt nebenbei. Das Drama ist, dass in unseren Handlungsintentionen die Zerstörung schon vorgesehen ist. Unser individuelles und unser gesellschaftliches Leben sind auf Vernichtung von Leben aufgebaut.

Im Wesentlichen dreht es sich bei den beiden großen Erzählungen unserer Zeit, Kapitalismus und Sozialismus, um die Maximierung materieller Güter durch die Ausbeutung von Mensch und Natur, es geht also um die Unterwerfung und damit der Zerstörung kulturellen, sozialen und biologischen Lebens unter die Verwertungslogik durch die Ausweitung der Konsumzone.

Wir nehmen die Zerstörung in unserem Alltagshandeln nicht mehr wahr, da uns unsere emotionale Verbundenheit mit uns selbst, mit anderen Menschen und mit der Natur abhandengekommen ist.

Um Leben wirklich und nachhaltig zu schützen, bedarf es eines neuen Gesellschaftssystems, das auf der Basis des Schutzes von Leben aufgebaut ist.

Ökonomie des Lebens

In einer *Ökonomie des Lebens* wird es weiterhin Produzenten geben, Fabriken, Geld und selbstverständlich dürfen auch Gewinne erwirtschaftet werden, nur nicht mit der Zerstörung von Leben. Die Wirtschaftsleistung wird aktuell noch mit dem BIP, dem Bruttoinlandsprodukt, gemessen. Jeder tödliche Autounfall sorgt für Umsatz und lässt das BIP steigen. Deswegen wäre ein erster Schritt in Richtung *Ökonomie des Lebens*, das BIP so umzubauen, dass nur Lebenserhaltendes positiv in die Berechnung eingeht, tödliche

Unfälle das BIP jedoch verringern. Wir könnten es BILP nennen, Bruttoinlandslebensprodukt. Damit hätten wir ein Instrument, dass ein Bewusstsein schafft für die Lebensfreundlichkeit unserer Lebensweise. Die Grundpfeiler der *Ökonomie des Lebens* sind:

- Förderung des Lebens,
- Einhegung des Kapitals,
- Demokratisierung der Ökonomie,
- Verbundenheit.

Förderung des Lebens

Die Förderung des Lebens erstreckt sich auf alle Lebensbereiche. Geregelt wird die Ökonomie des Lebens, genauso wie jetzt auch, über Steuern, Abgaben und Gesetze, also Gebote und Verbote. Aber Steuern und Abgaben werden nur noch auf Lebensschädliches erhoben, wie den Verbrauch nichtnachhaltiger Energie und Ressourcen, Umweltverschmutzung, Alkohol und Zigaretten und vielleicht auch auf Zucker, auf jeden Fall aber auf laute Benzinrasenmäher. Steuer- und abgabenfrei sind vor allem menschliche Arbeit und alle unsere Grundbedürfnisse. Im Sozialen geht es um eine Förderung von Gemeinschaft und Gesellschaft, also um Teilhabe und Verbundenheit und um die Reduzierung von Einsamkeit und Armut. Arbeitslosigkeit gibt es nicht mehr, alle haben ein Recht auf Arbeit und damit ein ausreichendes Einkommen. Extreme soziale Ungleichheit war gestern. Kultur, die Sinnquelle unseres Lebens, wird breit gefördert.

Einhegung des Kapitals

Mehr und mehr Bereiche unseres Lebens werden zurzeit im Zuge der laufenden Ausweitung der Konsumzone dem Diktat der Wirtschaft unterworfen. Diese Kolonisierung gilt es einzuhegen. Hierunter fällt zum Beispiel die Ökonomisierung der Bildung, so etwa die Werbung bekannter Softdrinkhersteller in Schulen. Bildung ist ein absolutes Grundbedürfnis, welches nach pädagogischen und nicht nach renditegetriebenen Zielen ausgerichtet sein sollte. Genauso ist es mit unserer Gesundheit. Wenn Krankenhäuser unnötige Operationen durchführen, um so den Gewinn zu steigern, dann ist das ja wohl ziemlich krank.[8]

Demokratisierung der Ökonomie

Im Bereich der Wirtschaft ist eine weitere Demokratisierung dringend notwendig, sowohl innerbetrieblich als auch außerbetrieblich. Die Strukturen eines klassischen Betriebs haben verblüffende Ähnlichkeiten mit denen im heutigen China oder mit denen einer Zuckerrohrplantage in South Carolina vor 200 Jahren. Streng hierarchisch wird von oben nach unten planwirtschaftlich durchorganisiert. Außerbetrieblich, also auf gesellschaftlicher Ebene, wäre eine weitere Demokratisierung im Sinne von Integration, Gleichberechtigung und Teilhabe möglich. Die Mehrheit der Bevölkerung ist für die Einführung eines Tempolimits auf Autobahnen, aber Finanzminister Lindner ist dagegen. Freie Fahrt für FDPler.[9] Worum es geht, ist mehr Einbindung aller Bürgerinnen und Bürger an Entscheidungsprozessen bei gleichzeitiger Übernahme gemeinschaftlicher und individueller Verantwortung.

Verbundenheit

Das Wichtigste überhaupt, scheint mir, ist die Förderung der Verbundenheit der Menschen untereinander und mit der Natur. Denn wie kann die Lebendigkeit, der Bedarf des Lebens, überhaupt erkannt werden? Und woher soll die Einsicht in die Notwendigkeit des Lebensschutzes kommen, wenn nicht aus uns selbst? Wir müssen das Leben schon wirklich schützen wollen, sonst wird das nichts. Dafür müssen wir aber wieder in Verbindung treten zu der Platane vor unserem Fenster, der Sonnenblume in unserem Garten, den Schmetterlingen im Park und den Schäfchen auf der Wiese. Wir müssen liebevoll mit Mutter Erde umgehen, wir müssen lernen, unsere reale Welt wieder zu lieben und Verantwortung für das Leben zu übernehmen und dann, erst dann, können wir die Welt retten.[10]

Ökonomie oder wie wir wirtschaften

Der Weg aus der Knechtschaft[11]

Sinn und Zweck allen Wirtschaftens ist die Versorgung der Menschen mit dem, was sie nicht haben, aber was sie brauchen, um zu leben. Nicht in den Bereich des Wirtschaftens fällt somit alles, worauf wir einen direkten Zugriff haben, entweder weil es auf unserem Balkon wächst, oder weil es wie Luft einfach da ist. Auf der anderen Seite kann aber auch nur Verfügbares unsere Bedürfnisse befriedigen. Es spielt dabei keine Rolle, ob die Verfügbarkeit individuell ist – kann ich mir den vergoldeten Lamborghini überhaupt leisten? –, oder ob es sich um eine prinzipielle Verfügbarkeit handelt – was, wenn mein Lieblingstier ein Mammut ist?

Wirtschaften funktioniert also nur dann, wenn auf der einen Seite ein Bedarf vorhanden ist und ihm auf der anderen Seite etwas gegenübersteht, das vorhanden, aber nicht frei verfügbar ist. Eine Ausweitung der Wirtschaftszone kann somit auf der einen Seite durch die Steigerung des Bedarfs erfolgen – *Ich brauche jetzt und sofort und ganz, ganz dringend das neue Smartphone, das hat so eine coole Farbe!* – oder auf der anderen Seite durch die Einhegung von frei Verfügbarem wie Grundstücke auf dem Mond. Und genau das passiert jeden Tag. Der Kapitalismus ist stets bestrebt, die Wirtschaftszone auszudehnen, koste es, was es wolle, auch wenn dadurch der eigentliche Zweck, die Versorgung der Menschen, unterlaufen wird. Die Motivation des Wachstums ist nicht mehr die Verbesserung des Lebens, sondern Rendite, Rendite, Rendite. Was dabei unter die Räder des goldenen Lambo kommt, ist das Leben, es wird nicht mehr gepflegt und beschützt, es wird zunehmend vernichtet.

Deswegen erscheint mir die Frage, was unsere wirklichen Bedürfnisse sind, so wichtig. Können wir ohne das neue iPhone überhaupt überleben? Finden wir es in Ordnung, dass hierfür Kinder im Kongo in Coltan-Minen arbeiten – mit bloßen Händen? Bedürfnisse an sich kennen keine Grenzen, erst wenn wir den Blick weiten und unseren Bedürfnissen die Auswirkung der Bedürfnisbefriedigung gegenüberstellen, erhalten wir einen handlungsleitenden Maßstab. Die Frage nach dem, *was wir brauchen*, ist untrennbar verknüpft mit der Frage, *wo es herkommt*, im Sinne der Frage nach Ort und Zeit, und vor allem auch nach den Bedingungen und Umwelteinflüssen seiner Entstehung.

Was brauchen wir für ein gutes Leben?

Welche Bedürfnisse haben Menschen? Auch wenn wir uns gerne als wirklich individuelle Individuen sehen, sind die Bedürfnisse der Menschen, einmal abgesehen vom Design der neuen Turnschuhe, doch sehr einheitlich. Natürlich sind da erst einmal die körperlichen Grundbedürfnisse, ihre Befriedigung ist zwingend notwendig, um zu überleben, also Atmen, Essen und Trinken, aber zum Beispiel auch Schlafen und ausreichender Zugang zu Sonnenlicht. Neben der Befriedigung unmittelbarer körperlicher Bedürfnisse brauchen wir auch noch soziale Kontakte zum Turteln, Toben, Tanzen und zum Tennisspielen. Diese Bedürfnisse scheinen vielleicht nicht als ganz so dringlich wie die körperlichen – wenn es an ihnen mangelt, sterben wir nicht gleich – aber ein gutes Leben kann es nur mit ausreichend sozialen Kontakten geben. Einsamkeit macht krank. Und dann haben wir auch noch unsere eigenen Vorstellungen und Wünsche, unser Bedürfnis nach Selbstverwirklichung, etwa ein Buch zu schreiben, auf den Mount Everest zu klettern oder einfach nur in der Hängematte zu liegen, vielleicht mit einem kühlen Bier in der Hand.

Die Struktur der menschlichen Bedürfnisse

Eine bekannte Theorie der menschlichen Bedürfnisse ist die Bedürfnispyramide in Anlehnung an Abraham Maslow. Maslow hat die Bedürfnisse in Abhängigkeit ihrer Dringlichkeit in fünf Stufen eingeteilt.[12] Da sind auf der ersten Stufe die physischen Grundbedürfnisse wie Essen, Trinken und Schlafen. Der zweiten Stufe hat er die Sicherheit zugeordnet, wie körperliche Unversehrtheit und Schutz vor Diebstahl. Auf der dritten Stufe findet sich die Zugehörigkeit, also Liebe, Zuneigung und soziale Bindungen. Die vierte Stufe beinhaltet Wertschätzung und Anerkennung, hierzu zählt Maslow alles, was Status, Macht, Arbeit und Geld betrifft. Und auf der fünften Stufe findet sich die Selbstverwirklichung der individuellen Persönlichkeit. Diese Beziehungspyramide wird auch gerne als Designkonzept in der Werbung verwendet. Ziel ist es, die Kundinnen auf all diesen Ebenen anzusprechen. Der neue leckere Erdbeerjoghurt ernährt, ist sicher, sozial, wertvoll und macht mich zu einem besseren Menschen.[13]

Maslow selbst hat weder den Begriff der Pyramide noch die grafische Darstellung einer Pyramide verwendet. Die hierdurch entstehende Hierarchisierung finde ich unglücklich, handelt es sich doch um gänzlich unterschiedliche Kategorien, deren Wertung zueinander nur individuell erfolgen kann. Die eine läuft vielleicht gerne mal alleine über den Südpol, während der andere lieber im Kirchenchor singt und ich jetzt als allererstes eine Currywurst brauche.

Eine Weiterentwicklung der Bedürfnistheorie nach Maslow ist das ERG-Konzept von Clayton Alderfer. Er fasst die fünf Ebenen der Bedürfnispyramide zu drei Bereichen in *Existence, Relatedness* und *Growth* zusammen. *Existence* steht für Grundbedürfnisse wie Ernährung, Kleidung und Sicherheit, *Relatedness* umfasst die Stufen drei und vier der Bedürfnispyramide, also die zwischenmenschlichen Bereiche der Beziehungen, und *Growth* ist der Bereich des individuellen Wachstums wie Entfaltung, Kreativität, Lebenssinn und Selbstwertgefühl.[14]

In Anlehnung an diese beiden bedürfnistheoretischen Konzepte unterteile ich die menschlichen Bedürfnisse in die drei Bereiche *Natur, Struktur* und *Kultur*.

NATUR

Der Bereich der Natur umfasst die physiologischen und materiellen Bedürfnisse. Das sind neben der Nahrung, Kleidung und Wohnung auch die technische Infrastruktur wie Autobahnen, Internetkabel, Toaster und der Energiebedarf, der nötig ist, um diese Bedürfnisse zu stillen.

STRUKTUR

In diesem Bereich finden sich alle sozialen, also zwischenmenschlichen Bedürfnisse wie soziale Integration, Anerkennung und Gleichberechtigung, soziale Sicherheit, aber auch Vereinbarungen, Regeln und Gesetze. Zudem ist hier der Bereich der Arbeit mit Steuern und der Verteilung von Einkommen und Vermögen angesiedelt.

KULTUR

Hierzu zählen die Bedürfnisse nach individueller Entwicklung wie Wachstum, Entfaltung, Kreativität und Lebenssinn. Das kann in Kunst und Wissenschaft erfolgen oder auch in Religion und Spiritualität.

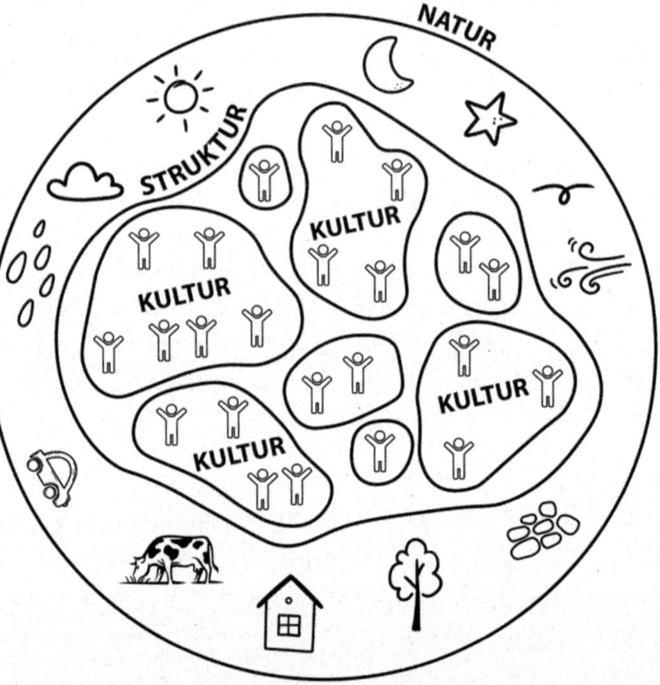

Abbildung 1 Struktur der menschlichen Bedürfnisse. Die physiologischen Bedürfnisse entstehen und befriedigen wir in der *Natur*, die sozialen in der *Struktur* und die individuellen in der *Kultur*.

Die Hierarchie der Bedürfnisse kann durch das Bild der umfassenden Sphären aufgehoben werden. Eine Unterteilung in Grundbedürfnisse, also in wirklich wichtige Bedürfnisse und eher unwichtige Bedürfnisse, macht dann keinen Sinn mehr, solange man den Menschen nicht nur als einen sehr komplizierten Stoffwechsel, sondern auch als soziales und kulturelles Wesen ansieht. Im Folgenden werde ich den Begriff Grundbedürfnis in allen drei Bereichen verwenden. So kann ein Fahrrad ein Grundbedürfnis sein, eine Luxusjacht aber eher nicht, oder das Bedürfnis im Kirchenchor zu singen kann ein Grundbedürfnis sein, der reichste Mensch der Welt zu werden jedoch nicht, oder ein Bild zu malen kann ein Grundbedürfnis sein, alle Menschen zum Glauben an den Kapitalismus zu bekehren wiederum nicht.

Die Geschichte der Ökonomie

Schon immer seit Menschen auf der Erde wohnen, haben sie gewirtschaftet und damit Einfluss auf die Natur genommen. Diese Eingriffe erfolgten im Einklang mit der Natur oder auch nicht, aber die ganz große Zerstörung blieb aus. Das hat bis vor ein paar Generationen einfach niemand hinbekommen, das schaffen wir erst jetzt.

Sicherlich gab es auch nachhaltige Umweltzerstörungen, wie die Entwaldung Griechenlands vor 2.000 Jahren oder die Ausrottung der Büffel in Nordamerika vor 200 Jahren, aber diese menschlichen Einflüsse waren lokal begrenzt und konnten niemals die gesamte Biosphäre aus dem Gleichgewicht bringen. Die Menschen hatten einfach nicht die technischen Möglichkeiten dazu, ihr Einfluss war zu gering.

Das sieht heute anders aus.

Um besser zu verstehen, wie es dazu kommen konnte und wie es weiter gehen könnte, möchte ich einen kurzen Blick in die Geschichte werfen und mir dabei die ersten 5.000 Jahre ansehen, dazu die Zeit bis 1800, und die letzten rund 200 Jahre von 1800 bis heute, um daraus Ideen für eine Wirtschaft für die nächsten 5.000 Jahre abzuleiten, für eine *Ökonomie des Lebens.*

Die ersten 5.000 Jahre

Vereinfachen wir die Dinge einmal, dann war vor 1800 die Welt noch übersichtlich. 90 Prozent der Menschen waren Bauern und Handwerker. Der Gemüsegarten hinter dem Haus war allen selbstverständlich wie ein Schwein, eine Ziege und ein paar Hühner im eigenen Haushalt. Die Menschen haben von dem gelebt, was sie oder ihre Nachbarn selber herstellten oder was sie eintauschen konnten gegen etwas, das sie selber hergestellt hatten. Gibst du mir ein Brot, bekommst du von mir fünf Eier.

Das Leben der meisten war darauf ausgerichtet, das eigene Leben zu erhalten und nicht zu verhungern. Und hierfür war es wichtig, auch das Leben der Familie, die Tomaten im Garten und die Kuh Emma zu erhalten. *Wer versorgt mich, wenn ich alt bin? Woher kommt die Milch für den Brei, wenn die Ziege verhungert ist?* Leben war Überleben.

Viele Jahre lang war das ganze Denken und Handeln der Menschen von der Frage bestimmt, wie Leben erhalten und gefördert werden kann. Und es war nicht selten genug bedroht von Ernteausfällen, Krankheiten, mongolischen Reiterhorden und Ratten.

Der Bezugsradius war das eigene Dorf. Hier wurde man geboren, lebte und starb. Fernreisen führten, zu Fuß oder Pferd, ins nächste Örtchen, um auf dem Markt einen neuen Topf zu erstehen. Also die Produkte einzutauschen, die im Dorf nicht selber hergestellt werden konnten. Aber auch der Topf kam nicht aus China, sondern vom nächsten Kesselschmied.

Wirtschaftlich betrachtet waren das viele kleine Kreislaufwirtschaften. Was man brauchte, wurde der unmittelbaren Umgebung entnommen. Essen wuchs im Garten, auf dem Acker und im Stall. Kleidung war aus Wolle, Leinen oder Leder, die Gebäude aus Holz und Lehm. Und alles, was der Umgebung entnommen wurde, konnte auch direkt wieder zurückgegeben werden, es gab keinen Müll, also keine Produkte, die so weit verarbeitet waren, dass sie von der Natur nicht wieder aufgenommen werden konnten. Oder, mit anderen Worten: Alles war Bio. Man lebte im Einklang und in Abhängigkeit mit der Natur.

Die wenigen Produkte, die von etwas weiter weg eingeführt werden mussten, wie Metalle und Glas, wurden so oft es geht wiederverwendet.

Auf der einen Seite gab es den ständigen Kampf ums Überleben, auf der anderen Seite aber auch ein Genug-ist-genug. Wenn alle satt waren, dann war genug. Es machte keinen Sinn, der Ziege mehr zu füttern als sie essen konnte. Also wurde das überflüssige Gras zu Heu gemacht, denn es stellte sich bei allem immer die Frage, *Wie kommen wir über den Winter?*, etwa auch, wenn aus Obst eine haltbare und leckere Marmelade gekocht wurde, Fleisch und Fisch gesalzen oder geräuchert wurden. Der Jahresverlauf bestimmte die Produktion der Nahrungsmittel, die der Kleidung und letztlich auch die Bautätigkeit. Denn Zeit zu bauen war nur, wenn gerade nichts auf dem Acker zu tun war. Es herrschte oft Mangel und manchmal auch Überfluss, das war die Lebensrealität der allermeisten Menschen.

Es gab aber schon immer auch eine kleine Gruppe von Menschen, etwa ein Zehntel der Bevölkerung, für die war das Leben nicht ganz so mühsam. Das waren die weltlichen und geistlichen Herrscher.

Da sie selbst nicht den Kuhstall ausmisten wollten, mussten sie von der schwer arbeitenden Bevölkerung mitversorgt werden, und sie hatten die Macht, das auch durchzusetzen. Hierfür gab es im Wesentlichen zwei Strategien, das Abgaben- und das Sklavenmodell.

Das Abgabenmodell kennen wir vor allem aus Süddeutschland. Die Bauern waren mehr oder weniger frei und bearbeiteten ihr eigenes Land. Sie mussten aber ein Zehntel ihrer Produktion abgeben, mit welcher Begründung auch immer, Schutz vor Überfällen oder für einen sicheren Platz im Himmel.

Das Sklavenmodell, auch schon sehr beliebt im alten Rom, hat sich vor allem im Norden und Osten Deutschlands durchgesetzt, auf den Landgütern. Hier waren jeweils rund 100 Menschen in direktem Eigentum der Gutsfamilie. Das Verhältnis der produzierenden Bevölkerung zur konsumierenden Bevölkerung war hier etwas enger, aber es lief auf das Gleiche heraus, dass neun Zehntel das restliche Zehntel mitversorgten. Und einzig die Geburtslotterie entschied, welcher Seite man angehörte.

Aber auch wenn die Adligen und Geistlichen komfortabler lebten, waren sie doch direkt in den lokalen Wirtschaftskreislauf eingebunden und von ihm abhängig. Bei schlechter Ernte mussten auch sie den Gürtel enger schnallen. Und auch sie hatten keine XBox und keinen Firmenjet. Was machte die Rittersfamilie im Winter? Sie saß in ihrer zugigen Burg vor einem qualmenden Feuer und langweilte sich. Und vor lauter Langeweile fing sie an die Laute zu spielen, Briefe zu schreiben und Pläne für die nächsten Raubüberfälle zu schmieden.

Die Wirtschaft der letzten 5.000 Jahre, bis 1800, war also eine einfache Tauschwirtschaft von Naturalien gegen Naturalien oder mithilfe von Geld in Form von Knochen, Muscheln und Münzen. Produziert wurde Nahrung, Kleidung und Gebäude als Wohnraum für Mensch und Vieh. Alles Arbeiten und Wirtschaften diente unmittelbar dem Erhalt und der Förderung des Lebens. Leben in und mit der Natur. Nahrung, Kleidung und Wohnung waren knappe Güter. Es war das Ziel allen Handelns, sie zu maximieren.[15]

Antrieb war Hunger und der brennende Wunsch zu leben.

Es war, wenn auch nicht ganz freiwillig, eine Ökonomie des Lebens.

Die letzten 200 Jahre

Ab 1800 änderte sich mit der Industrialisierung fast alles. In England etwas früher, in Deutschland etwas später. Auch außerhalb Europas, wie zum Beispiel in Indien, nahm die Entwicklung ihren Lauf. Kern der Veränderung war die rasche Zunahme der Produktivität, gespeist aus den Quellen: Erfindung von Maschinen, Entwicklung neuer Herstellungsverfahren und Ausweitung der Arbeitsteilung. Auf einmal konnte eine Weberin in der gleichen Zeit und mit gleichem Aufwand die Arbeit von zehn Webern leisten. Die Warenproduktion vervielfältigte sich, und damit auch der Ressourcenverbrauch. Befeuert wurde das Ganze zuerst mit Kohle und später mit Öl und Gas.

Warum verbrennen wir Kohle, Öl und Gas?

Das Verhältnis von körperlicher Arbeit eines Menschen zu einem Liter Heizöl ist niederschmetternd. Ein Mensch kann durchschnittlich so viel wie eine 100-Watt-Glühbirne leisten, also 0,1 Kilowattstunden in einer Stunde, in einem Liter Öl stecken jedoch 10 Kilowattstunden, das entspricht einem Verhältnis von 1 zu 100. Nehmen wir noch die Kosten hinzu – für eine Stunde menschlicher Arbeit kann man 10 Liter Öl kaufen – dann sind wir bei einem Faktor von 1 zu 1.000. Ein Mensch ist also bei gleicher Leistung 1.000 mal teurer als fossile Brennstoffe. Und auch wenn wir den niedrigen technischen Standard eines mechanischen Webstuhls, der von einer mit Kohle befeuerten Dampfmaschine angetrieben wurde, berücksichtigen, und der Wirkungsgrad bei mickrigen drei Prozent lag, nachdem James Watt sie getunt hatte, und die Herstellungskosten berücksichtigen, die mehrere Jahresgehälter eines Arbeiters betrugen, konnte immer noch eine traumhafte Rendite von 10 bis 20 Prozent erwirtschaftet werden. Solange es nur um die Rendite geht, lohnt sich die Verbrennung von Kohle, Öl und Gas immer.[16]

Was änderte sich?

Was änderte sich für die arbeitende Bevölkerung, also für fast alle Menschen? War ein Mann vorher Bauer oder Schuster, so wurde er jetzt zum Bediener einer Maschine in einer Fabrik. Aber nach wie vor erwirtschaftete er mit körperlicher Arbeit seinen Lebensunterhalt. Zu Beginn der Industrialisierung in teils bitterarmen Verhältnissen, später dann mit erheblich besseren Bedingungen, durch Einsicht der Fabrikbesitzer, satte und gesunde Arbeiter sind einfach viel leistungsfähiger, staatliche Verordnungen wie das Verbot von Kinderarbeit und durch den Kampf der organisierten Arbeiterschaft.

Für den Arbeiter änderte sich also lediglich die Tätigkeit, die er ausführte. Für seine Arbeit bekam er Geld, und mit diesem Geld bestritt er seinen Lebensunterhalt. Er musste nicht mehr, wie früher, von seiner Ernte ein Zehntel abgeben, sondern bekam eine Entlohnung von seinem Arbeitgeber. Je niedriger der Lohn, desto größer der Gewinn für den Arbeitgeber. Der Arbeitgeber wurde mitversorgt, ganz so wie vor 2.000 Jahren im alten Rom. Damals bestimmte der Hausherr, jetzt der Fabrikherr. Der Fabrikbesitzer bestimmte nicht nur über den Lohn, er bestimmte auch, was, wie und mit welchen Werkzeugen produziert wurde.

Was änderte sich für den Fabrikbesitzer? Auf den ersten Blick nicht viel. Wie vorher der Gutsherr, Lehnherr oder Sklavenhalter wurde er von den Arbeitenden versorgt. Und, das finde ich besonders spannend, auch das Verhältnis von Besitzenden und Arbeitenden blieb nach wie vor bei etwa 1 zu 10, und daran hat sich auch bis heute nichts geändert. Die Vermögendsten 10 Prozent der erwachsenen Bevölkerung in Deutschland besitzen 90 Prozent der Produktionsmittel, Tendenz steigend.[17]

Also alles wie immer?

Nicht ganz. Der Anteil am Ertrag, den der Fabrikbesitzer nicht an seine Arbeiter ausbezahlte, sondern für sich behielt, explodierte förmlich. So wurde er sehr schnell sehr reich. Und der neue Reichtum führte, gut verzinst, zu noch mehr Reichtum.

Das könnte man als ungerecht empfinden, die ungleiche Verteilung von Einkommen und Vermögen, und das ist sie ja auch. Aber wäre sie durch eine Umverteilung durch Steuern und höhere Arbeitslöhne aus der Welt zu schaffen? Das wäre sicherlich möglich, aber ist damit auch das Klima gerettet? Liegt das Problem nicht ganz woanders?

Der Fokus der Lohnarbeitenden liegt auf dem Erhalt ihres Lebens. Sie arbeiten, um ihren Lebensunterhalt zu bestreiten. Sie leben von der Hand in den Mund. Sie leben, wenn auch nicht freiwillig, in einer Ökonomie des Lebens. Nach wie vor sind sie *abhängig beschäftigt*, wie es so schön auf Beamtendeutsch heißt, und sie werden, abgesehen von ein paar Krümeln, nichts vom großen Kapitalkuchen abbekommen. Kuchen gibt es erst im Himmel, auf der Erde bleibt nur Lottospielen, die Gewinnwahrscheinlichkeit liegt bei 1 zu 140 Millionen.

Der Fokus der Fabrikbesitzenden liegt auf der Rendite ihres Unternehmens, auf der Verzinsung ihres Kapitals. Je günstiger sie einkaufen, je weniger sie ihren Mitarbeitenden bezahlen und umso teurer sie verkaufen, desto höher der Gewinn und damit die Rendite. Dabei ist Rendite kein Selbstzweck. Macht die Firma keinen Gewinn, ist sie bald pleite. Die Konkurrenz schläft nicht. Es ist ein tägliches Wettrennen, die schnellsten gewinnen, der Rest geht unter. Der Kapitalist ist gezwungen, seinen Fokus auf die Vermehrung seines Kapitals zu konzentrieren. Sehr große Vermögen wachsen um 10 Prozent pro Jahr, Apple hatte 2022 eine Umsatzrendite von 30 Prozent.[18] Mehr Kapitaleinsatz bedeutet aber immer auch mehr Energie- und Ressourcenverbrauch. Mehr Elektroautos, mehr Straßen, mehr Beton und mehr Betonmischer.

Diese Kapitalvermehrung, in Kombination mit der Aussicht auf traumhafte Renditen, ist der Grund für die Zerstörung von Klima, Umwelt und Menschenleben.

Der real existierende Kapitalismus ist eine Ökonomie der Zerstörung.

Die Bilanz der letzten 200 Jahre ist verheerend

Ein Tsunami fegte um die Welt und vernichtete Leben. Die Zerstörungen sind so gigantisch, dass wir sie schwer als Ganzes erfassen können, schon mit einzelnen Symptomen sind wir überfordert. Als die größten Katastrophen unserer Zeit sehen wir Klimaveränderungen, Artensterben, Umweltzerstörung, Kriege, Krankheiten und Hunger. Aber was ist mit Ungleichheit, Unfreiheit, Digitalisierung und Sklaverei? All diese Krisen wirken so groß und bedrohlich, dass jede von ihnen all unsere Aufmerksamkeit fesselt, retten wir das Klima, vergessen wir die hungernden Kinder. Es ist schwer, die einzelnen Krisen voneinander abzugrenzen, sind sie doch eng miteinander verflochten und bedingen und stützen und verstärken sich gegenseitig. Ein Katastrophenteppich, ein engmaschiges Netz des Todes.

Treten wir einen Schritt zurück, wird aus den abstrakten Fragen *Welche Auswirkungen könnte diese oder jene Katastrophe haben*? oder *Ist eine Temperaturerhöhung von 1,5° C wirklich so schlimm?*, das Katastrophenszenario insgesamt, ein Überblick der Auswirkungen aller Katastrophen zusammen.

Beginnen wir mit der Betrachtung des Einflusses der Naturkatastrophen, also der materiellen-biologischen Krisen:

- Menschen: Jeden Tag verhungern 20.000 Menschen.[19]
- Tiere: In den letzten 50 Jahren sind über die Hälfte aller Wirbeltiere ausgestorben.[20]
- Pflanzen: Jeden Tag sterben 150 Arten aus.[21]
- Boden: Bodenfruchtbarkeit: 65 Tonnen Boden gehen jeden Tag verloren.[22]
- Bodenschätze: Plünderung + Verbrauch nicht-nachhaltiger Ressourcen und Energie[23]
- Luft + Wasser: Verschmutzung, Vergiftung[24]
- Klima: Veränderung[25]

Strukturelle soziale Katastrophen sind ausschließlich Folgen zwischenmenschlicher Interaktionen, also von dem, was Menschen anderen Menschen antun.[26]

- Individuen: Armut, Hunger, Krankheit, Unsicherheit, Arbeitslosigkeit, Einsamkeit
- Gemeinschaft: Ungleichheit der Einkommen und Diskriminierung
- Gesellschaft: Ungleichheit der Vermögen, Kriege und Migration

Darüber hinaus gibt es auch kulturelle Katastrophen. Diese zielen mehr oder weniger direkt auf die Reduzierung kultureller Freiheiten:

- Überwachung[27]
- Digitalisierung[28]
- Propaganda[29]

Wie sich an den Auswirkungen der Katastrophen zeigt, betreffen sie uns unmittelbar und persönlich, sie missachten und verletzen unsere Grundbedürfnisse und missachten und verletzten damit unser Leben. Sich auf der Straße festkleben mag den meisten Menschen lächerlich erscheinen oder lästig sein, zeigt aber die Diskrepanz zwischen der Dringlichkeit, mit der sich die jüngere Generation von der Klimaveränderung bedroht fühlt, und der Arroganz, mit der wir den Krisen im Alltag begegnen. Während wir auf den CO_2-Anteil in der Luft starren, hoffen wir, mit dem Kauf eines Elektroautos oder der Kompensation einer Flugreise die Welt zu retten, oder zumindest, dass unser Lebensstil dadurch als *klimagerecht* durchgeht. Obwohl wir es besser wissen, handeln wir, indem wir leben, wie wir leben, gegen unsere eigenen Bedürfnisse. Wir sind als Menschen entfremdet – nicht nur der Natur um uns herum, sondern auch uns selber, unserer eigenen Natur.

Die nächsten 5.000 Jahre

Dass es so nicht weiter geht, wie wir aktuell leben und wirtschaften, wie wir Menschen miteinander umgehen und wie wir unseren Planeten behandeln, wird immer offensichtlicher. Dabei ist nur eines sicher, die Art, wie wir leben, wird sich so oder so ändern. Bleiben wir auf dem aktuellen Pfad der Zerstörung, dann wird es ziemlich sicher ziemlich schnell ziemlich hässlich.

Aber wie können wir diesen Pfad verlassen und eine neue Richtung einschlagen?

Darüber wird viel und ausführlich gestritten. Ich möchte meinen eigenen Vorschlag hinzufügen, zuerst aber die Vorschläge ansehen, die auf dem Tisch liegen und die, wie ich das sehe, nicht zum Ziel führen. Sie können im Wesentlichen in zwei Gruppen unterteilt werden.

Mehr Wachstum, mehr Gerechtigkeit, mehr Umweltschutz

Die meisten Ideen halten an der Marktwirtschaft fest und damit am kapitalistischen Wachstum, also der Ausweitung der Konsumzone. Die hierdurch verursachten ökologischen Zerstörungen sollen durch *nachhaltige Investitionen* kompensiert werden. Nur dass wir uns auch richtig verstehen: Das Problem des zu hohen Ressourcenverbrauchs soll durch noch mehr Ressourcenverbrauch gelöst werden. Die Konzepte unterscheiden sich im Grunde nur in der Frage der Steuerung des *Transformationsprozesses* und der Kosten und Gewinnverteilung. Die Erklärung dahinter, warum das funktionieren könnte, also warum mehr Konsum die Welt rettet, ist die Idee der Entkoppelung von Wirtschaftswachstum und Energieverbrauch. Das ist ungefähr so, als würde ich versuchen, durch den Verzehr von immer mehr Hamburgern immer mehr abzunehmen, indem ich möglichst viele Bestandteile, also Brötchen, Salat und Tomate, durch Bioprodukte ersetze. Vielleicht wird der einzelne Hamburger dadurch etwas gesünder, aber abnehmen werde ich nicht.

Die schlichteste Variante ist dann auch die Hoffnung, dass die großen lieben Konzerne ihr Geld ab sofort nur noch in umweltfreundliche Investitionen stecken, entweder ganz freiwillig oder mittels der Hilfe motivierender

Gesetze, auch wenn das der Rendite schadet. So könnte RWE dann nicht auch noch das letzte Dorf wegbaggern, um noch schnell ein paar Schaufeln Braunkohle zu verheizen, selbst wenn darunter die Rendite ein kleines bisschen leidet. Das nennt sich dann *Ökologische Marktwirtschaft*.[30]

Die Steigerung dieser Idee erfuhr das Konzept durch die Berücksichtigung des sozialen Ausgleichs und wurde auf den wunderbaren Namen *Green New Deal* getauft. Die größte Neuerung ist der Namen. Wer nichts hat, soll auch weiterhin nichts haben, dabei aber nicht verhungern und möglichst auch nicht zu viel Ärger machen. Frau von der Leyen, Präsidentin der Europäischen Kommission, bewirbt es mit den warmen Worten: *Mehr Wachstum, mehr Gerechtigkeit, mehr Umweltschutz.* Aber Kapitalismus bleibt Kapitalismus, ganz egal mit welcher Farbe ich ihn anstreiche.[31]

Less is more

In die entgegengesetzte Richtung, also nicht immer mehr Konsum, sondern immer weniger, gehen ein paar andere Ideen, *less is more*. Sie gründen auf der Annahme, dass kapitalistisches Wachstum keine Zukunft hat, womit sie recht haben könnten, und antworten darauf mit Ideen wirtschaftlichen Schrumpfens. Weniger fliegen, oder zumindest den Flug durch weitere Maßnahmen, also durch mehr Konsum, zu kompensieren, weniger Autofahren, oder eben ökologisch sinnvoll, also vollelektrisch, dann aber auch gerne mit 600 PS (der Polarstern 1 von VOLVO), weniger Abfall, der wird einfach verbrannt, dann ist er weg. Und gerade ganz aktuell: unbedingt weniger heizen. Die Idee der Konsumreduktion mag richtig sein, die Umsetzung führt aber oft zu mehr Konsum und nicht zu weniger.[32]

Die Konzepte der Reduktion unterscheiden sich im Kern durch die Verortung der Zuständigkeit. Entweder wird sie den Konsumentinnen zugeschrieben, moralisch oder per gesetzlicher Regelung, oder sie wird gesellschaftlich getragen, wird also Aufgabe der öffentlichen Hand. Aber auch diese Konzepte bleiben der Denklogik des kapitalistischen Marktes verhaftet, indem sie sich in Opposition zum wirtschaftlichen Wachstum definieren. Sie drehen den Spieß einfach nur um: Ab jetzt wird mehr nicht mehr, ab jetzt wird mehr weniger.

Ob mehr oder weniger, beide Wege ruhen auf der Grundlage der Erkenntnis, dass es so nicht weitergehen kann, und entwickeln viele gute Vorschläge, die im Einzelnen oft auch richtig und sinnvoll sind, wie grüne Investition oder weniger Ressourcenverbrauch. Aber wir können jeden Tag erleben, dass beiden Wegen der Ausbruch aus der Zerstörungslogik nicht gelingt, dass beiden Wegen eine zukunftsfähige Vision fehlt. Sie identifizieren Probleme und versuchen, sie mit den vorhandenen Werkzeugen und Materialien zu beseitigen. Tagein tagaus beschäftigen sie sich mit der Behandlung von Symptomen, ohne der zugrundeliegenden Krankheit auf die Spur zu kommen.[33]

Das Kernproblem

Das Kernproblem wird aber erst im Gegensatz zum Kernanliegen sichtbar. Das Kernanliegen ist zu leben, unser Leben zu leben und damit auch das Leben auf der ganzen Welt zu schützen und zu pflegen. Das Kernproblem ist somit die Zerstörung des Lebens. Also hat sich alles Handeln und Wirtschaften an der Frage auszurichten, ob es Leben fördert oder eben nicht.

Wie kommen wir da hin?

Einen wunderschönen Weg hat uns Saint-Exupéry in seinem etwas eigenwilligen Buch *Citadelle – Die Stadt in der Wüste* gewiesen:

> »Wenn Du ein Schiff bauen willst, dann trommle nicht Männer zusammen, um Holz zu beschaffen, Aufgaben zu vergeben und die Arbeit einzuteilen. Sondern lehre sie die Sehnsucht nach dem weiten, endlosen Meer.«[34]

Ein etwas übernutztes Zitat, aber es stimmt ja: Das Ziel, die Welt zu retten, erreichen wir nicht dadurch, dass wir in aktuellen Problemen versinken, sondern indem wir uns auf ein Ziel fokussieren, auf die Sehnsucht nach dem aufregenden, bunten Leben. Sehnsucht hat ihre Heimat nicht im Kopf, wir müssen unsere Herzen weit öffnen. Voraussetzung ist aber auch, dass wir das Leben lieben, denn nur dann können wir uns auch danach sehnen. Und lieben können wir nur, was wir auch kennen. Wir müssen uns auf allen Ebenen, mit Kopf, Herz und Hand mit der Welt verbinden, wieder in Kontakt, in Resonanz mit uns und der Natur kommen und mit allen Sinnen leben, dann könnte es gelingen, und dann könnten wir auch die Welt retten.

- Das Ziel ist: das pralle Leben!
- Der Weg ist: die Sehnsucht nach Leben!
- Die Voraussetzung ist: dass wir das Leben lieben!

Was bedeutet das für unsere Wirtschaft?

Wir müssen unsere Wirtschaft wieder auf die Grundbedürfnisse unseres Lebens ausrichten, und wir müssen wieder lernen, mit der Natur zu leben und nicht gegen sie, und zwar auf der Grundlage der Erkenntnis, dass wir Menschen Teil der Natur sind und dass alles, was uns guttut, auch der Natur zugutekommt. Und ebenso gilt: Schützen wir die Natur, dann schützen wir auch uns. Gerade hat die deutsche Regierung beschlossen, ein Drittel der Fläche von Deutschland unter Naturschutz zu stellen. Das ist natürlich eine gute Idee, aber was ist mit den restlichen zwei Dritteln, brauchen die keinen Schutz? Oder können die jetzt nach Belieben misshandelt werden? Wäre es nicht besser, das ganze Land unter Naturschutz zu stellen?[35]

Im Alltag könnte man sich vorstellen, dass auf vielen kleinen Biohöfen lokal gesunde Lebensmittel erzeugt werden. Die Höfe werden von solidarischen Gemeinschaften getragen. Kartoffeln, Gemüse und Milch könnten direkt an die Gemeinschaft übergeben werden, vom Acker auf den Teller, ohne Zwischenhändler.

Die Gemeinschaft könnte nicht nur für den Hof verantwortlich sein und damit für eine Grundversorgung mit gesunden Lebensmitteln, sondern sich auch in anderen Bereichen austauschen und unterstützen, um auch soziale Grundbedürfnisse nach Teilhabe, Sicherheit und Anerkennung zu befriedigen, wie eine Art Wahlfamilie. Das könnte aber auch eine andere Gemeinschaft sein, wie Arbeits- oder Erziehungsgemeinschaften. Auf jeden Fall gäbe es für alle Menschen eine sinnvolle Arbeit und ein ausreichendes Einkommen. Sicherlich würden manche Menschen mehr arbeiten und andere weniger, und das Einkommen wäre auch unterschiedlich hoch, aber alles auf einem akzeptablen Niveau, niemand würde mehr verdienen wollen als der Bundeskanzler.

Die Wohnungen wären alle im Besitz der jeweiligen Bewohnerinnen und Bewohner oder von Hausgemeinschaften und Genossenschaften. Wohnen wäre grundsätzlich gemeinnützig, wie alle anderen Grundbedürfnisse auch. Da Arbeiten auch ein Grundbedürfnis ist, würden auch keine Steuern und

Abgaben auf Arbeitseinkommen erhoben, und ohne Steuern und Abgaben gäbe es keine Schwarzarbeit.

Bildung und Wissenschaft wären ausreichend finanziert, sodass sie nicht auf Drittmittel, und damit auf externe Vorgaben aus der Wirtschaft, angewiesen wären, also keine Cola-Automaten mehr in Grundschulen.

Finanziert würde alles mittels Steuern auf Umweltschädliches und Ungesundes, wie Diesel, Pestizide, Kreuzfahrten, Schokolade, Laubbläser, Werbung, Ryanair, Zigarren, Limoncello, Fracking und TikTok.

Leben im Einklang mit der Natur

Die ersten 5.000 Jahre lebten wir in und mit der Natur. Das war nicht immer ganz freiwillig, aber es blieb uns nichts anderes übrig. Das ganze Leben war auf den Erhalt des Lebens ausgerichtet. Unser Verhältnis zur Natur könnte man mit dem Verhältnis von Kindern zu ihren Eltern vergleichen.

Dann haben wir 200 Jahre lang versucht, uns von der Natur zu emanzipieren. Das ist uns auch sehr gut gelungen, so gut, dass wir heute gegen die Natur leben und uns auf diese Weise eigenhändig unsere Lebensgrundlage zerstören. Wir haben unsere Pubertät ziemlich heftig ausgelebt, und irgendwie sind wir immer noch dabei.

Die nächsten 5.000 Jahre sollten wir wieder *mit* der Natur leben. Wir sollten ganz bewusst und freiwillig unser Leben in die Hand nehmen und Leben fördern und pflegen und genießen. Jetzt wird es Zeit, erwachsen zu werden und mit der Natur ein Verhältnis auf Augenhöhe, mit gegenseitiger Anteilnahme, Anerkennung und Verantwortung einzugehen.

- 5.000 Jahre lebten wir *mit* der Natur (unbewusst und unfreiwillig),
- 200 Jahre lebten wir *gegen* die Natur (unbewusst aber freiwillig),
- 5.000 Jahre leben wir *mit* der Natur (bewusst und freiwillig).

Das Leben lieben

Da ich den Gedanken, weswegen es notwendig ist, das Leben zu lieben, um die Welt zu retten, so wichtig finde, möchte ich ihn hier noch einmal zusammenfassen. Auf der einen Seite gibt es den individuellen Menschen. Er erlebt sich als einmalig und autonom und damit als getrennt von der restlichen

Welt. Dem Menschen gegenüber steht die restliche Welt, eine Welt voller biologischem, sozialem und kulturellem Leben. Bleibt der einzelne Mensch für sich, ist er einsam, und sein Leben ist sinnlos. Der einzelne Mensch kann durch Anerkennung und Mitgefühl mit der restlichen Welt in Kontakt treten. Im Gegenzug erhält er Zugehörigkeit und Sicherheit. Durch die aktive Hinwendung an die Gemeinschaft, an das Leben der anderen, erhält das Leben des einzelnen Menschen seinen Sinn.

Diese Verbindung des individuellen Lebens mit allem anderen Leben, jede echte und tiefe Verbindung von Leben mit Leben, ist die grundsätzliche Voraussetzung für Leben. Leben existiert nur in Verbindung mit Leben. Die Qualität des Lebens ist dabei von der Qualität der Verbindung abhängig. Ein gutes Leben gibt es nur mit einer guten Verbindung, und diese gute Verbindung nennen wir Liebe.

Also: *Lieben wir das Leben!*

Kapitel 2
NATUR

Ganz nah dran!

Biologisches Leben

Mit unserem Körper sind wir Menschen Teil der physischen Welt, der lebendigen Welt, der Biosphäre. Wir leben mit ihr und in ihr und sind auf vielfältige Weise von ihr abhängig. So muss unser Körper laufend mit Licht, Luft, Wasser und Pizza versorgt werden. Wird die Versorgung unterbrochen, sterben wir – ohne Luft nach drei Minuten, ohne Wasser nach drei Tagen und ohne Pizza nach drei Wochen.

Luft und Wasser übernehmen wir, so wie sie sind, aus unserer Umgebung. Um uns zu ernähren, essen wir Pflanzen und Tiere, also Lebewesen. Wir bleiben nur am Leben, wenn wir Lebendiges essen.

Aber auch Kleidung und Behausung finden wir ganz angenehm. Es sind unsere Schutzschichten. Auch unsere Kleidung erhalten wir aus der Natur. Sie besteht aus pflanzlichen Fasern, wie Baumwolle und Leinen, und tierischen, wie Wolle und Seide. Die Baustoffe für unsere Behausung entnehmen wir ebenfalls unserer physischen Umwelt, der lebendigen, wie Holz und Stroh, oder der mineralischen wie Lehm, Steine und Eisen (Kunststoffe sind entweder aus pflanzlichen Rohstoffen oder auf Erdölbasis. Aber was ist das anderes als vergammelte Biomasse?).

Damit Menschen leben können, sind sie auf Nahrung, Kleidung und Behausung angewiesen. Wirtschaften ist in diesem Sinne die Herstellung und Verteilung, also die Versorgung der Menschen mit ausreichend Waren und Dienstleistungen. Der Begriff *ausreichend* bezieht sich auf die individuelle Notwendigkeit, so benötigt ein Kleinkind von der Zusammensetzung und Menge andere Nahrung als ein Erwachsener.

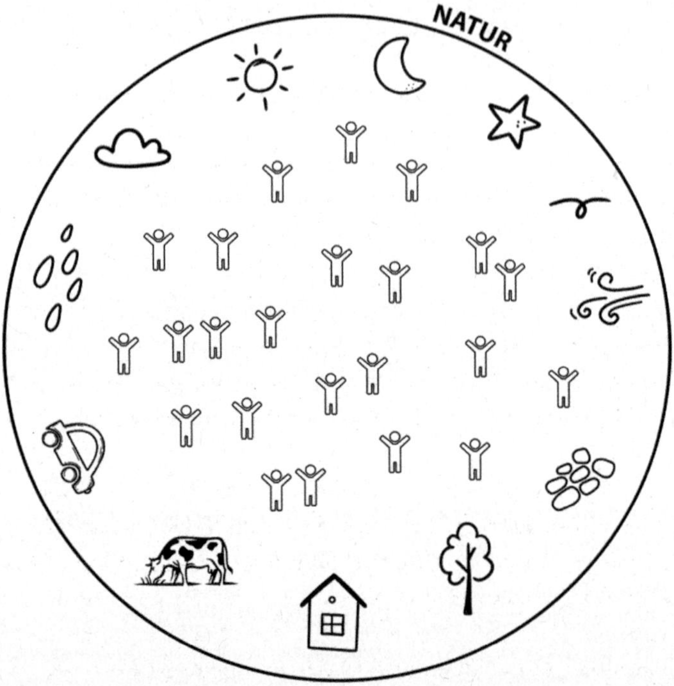

Abbildung 2a Wir sehen die ganze physische Welt, in die wir Menschen eingebettet sind, die Erde mit Steinen, Pflanzen und Tieren, den Himmel mit Sonne, Mond und Sternen, Wind und Wasser, Häuser und Autos.

Auch wenn die Möglichkeit besteht, sich ausschließlich selber zu versorgen, kann das nur in der Mitte unseres Lebens gelingen. In den ersten und letzten Jahren sind wir auf andere Menschen angewiesen, und auch in der Mitte des Lebens müssten wir auf sehr viel verzichten, wenn wir uns nicht helfen lassen. Das heißt, der einzelne Mensch ist darauf angewiesen, dass andere Menschen ihn mit der individuell richtigen Menge und Zusammensetzung an Waren und Dienstleistungen versorgen. Dieser Prozess ist also weder freiwillig noch gleichberechtigt, sondern notwendig und getragen von der Frage: *Was braucht der andere?*

Die physische Welt ist abgeschlossen. Nichts kommt hinzu und nichts geht verloren. Deswegen kann in dieser Welt auch nichts verbraucht werden, es wird nur verwandelt. Menschen sind keine Verbraucher, sie sind

Verwandler. Luft, Wasser und Nahrung strömen durch den Menschen hindurch. Die Luft die wir ausatmen, das CO_2, wird zur Nahrung der Pflanzen, die wir essen. Und die Pflanzen bilden wiederum den Sauerstoff, den wir einatmen.

Was wir mit unserer Arbeit in der physischen Welt erschaffen, teilen wir. Alle hergestellten Waren werden unter allen aufgeteilt. Der Maßstab des Wirtschaftens, der Produktion, der Verteilung und des Verbrauchs ist der Bedarf.

Wirtschaften in diesem Sinne ist nicht bedingungslos. Herstellung, Verteilung und Verbrauch unterliegen den Naturgesetzen und sind grundsätzlich ein Eingriff in die Natur. Es liegt an uns Menschen, ob unser Leben und unser Handeln unsere Biosphäre, und damit unsere Lebensgrundlage, pflegt oder schadet.

Das markanteste Merkmal des Wirtschaftens in der Natur ist, dass die Natur in jeder Hinsicht *endlich* ist. Einen Sack Kartoffeln können wir nur einmal verkaufen. Sie ist aber nicht nur der Menge nach endlich, sie ist auch begrenzt in der Aufnahmefähigkeit von Schadstoffen, also Stoffen, die dem Leben schaden.

Die physiologischen und materiellen Grundbedürfnisse werden durch eine Interaktion zwischen Mensch und Natur befriedigt. Wobei hier unter Natur ganz konkret Tiere, Pflanzen, Mineralien, Sonnenlicht, Wind und Wasser verstanden wird, also alles, was sich so auf der Erdoberfläche findet. Habe ich Hunger, fange ich mir einen Fisch und esse ihn auf. Möchte ich mir ein Haus bauen, suche ich mir ein paar Steine und stapele sie übereinander. Der Eingriff in die Natur ist immer direkt und konkret. Auch wenn ich mir einen Liter Milch im Supermarkt hole, musste vorher eine Kuh gemolken werden. Es gibt keine Möglichkeit, das Bedürfnis zu essen ohne einen Eingriff in die Natur zu befriedigen, der Eingriff ist notwendig. Jedoch kann ich den Eingriff gestalten. Wir haben die Wahl, welche Auswirkungen unsere Interaktionen auf die Natur haben, lebensfördernd oder lebensfeindlich. Dabei macht es einen großen Unterschied, ob dieser Eingriff in die Biosphäre, in den Bereich des Lebens, erfolgt oder in die Welt der Mineralien und fossilen Energien.

Pflanzen und Tiere können wir hegen und pflegen, wir können nachhaltig mit der Natur umgehen, also erhaltend und fördernd. Oder wir gehen nicht nachhaltig mit ihr um, dann zerstören wir sie so lange, bis wir nichts mehr zu essen haben.

Ist nachhaltiges Wirtschaften möglich?

Das Wirtschaften in der Biosphäre kann unter das Schlagwort *nachhaltig* gestellt werden. Der ansonsten viel missbrauchte Begriff macht hier Sinn. Wir sollten nur so viele Bäume fällen, wie auch nachwachsen, und nicht mehr Arten ausrotten, als gleichzeitig neue entstehen.

Lebensfördernd ist: nachhaltige Bewirtschaftung in kleinen diversen Strukturen und der Verzicht auf Schadstoffe.

Ganz anders sieht es aus, wenn wir mit dem Bagger im Boden herumwühlen und nach Bodenschätzen suchen. Der Abbau von Mineralien, Erzen und fossilen Energien kann niemals nachhaltig erfolgen, es sei denn, wir würden diese Bodenschätze zu 100 Prozent recyceln, was aber nicht immer möglich ist. Es ist also nur eine Frage der Zeit, bis wann wir alles aus dem Boden herausgeholt haben. Wie oben schon erwähnt, ist ein Verbrauch hier auf der Erde gar nicht möglich, nur eine Umwandlung. Wir können die Stoffe so lange umwandeln, bis wir auf einer braunen, blubbernden, stinkenden Kugel sitzen.

Gewinnung von Mineralien

Die Gewinnung von Mineralien ist grundsätzlich nicht nachhaltig, da diese nicht nachwachsen. Nur die Wiederverwendung schon geborgener Bodenschätze, also das Recycling von Steinen und Metallen, ist kein Raubbau, alles andere schon.

Lebensfördernd ist: Wiederverwendung der schon gewonnenen Bodenschätze.

Fossile Energie

Fossile Energien waren auch einmal Leben. Das heißt aber nicht, dass sie nachhaltig bewirtschaftet werden können, zumindest nicht ohne Berücksichtigung extremer Zeiträume. Und sie lassen sich auch nicht recyceln. Einmal verbrannt, befindet sich der Kohlenstoff in Form von CO_2 in der Luft.

Da hilft es nur, den fossilen Kohlenstoff einfach dort zu lassen wo er ist, in der Erde.

Lebensfördernd ist: die Verwendung von regenerativer Energie.

Trennung von Mensch und Natur

Die Trennung von Mensch und Natur bzw. die Erhebung des Menschen über die Natur ist ein Problem. Gott sprach: Seid fruchtbar und mehret euch und füllet die Erde und machet sie euch untertan und herrschet über die Fische im Meer und über die Vögel unter dem Himmel und über alles Getier, das auf Erden kriecht.[1] Verstärkt wurde dieses Weltbild durch die seit dem Jahr 1800 sich rapide entwickelnde Industrialisierung und durch die menschliche Hybris. Dabei wurde übersehen, dass wir uns als Menschen in unserem Geiste, mit unserer Fantasie, unabhängig von der Natur bewegen können. Als Körper aber sind wir Teil dieser Biosphäre und bleiben es auch.

Auch wenn sich nach und nach die Erkenntnis durchsetzt, dass die Menschen ein Teil der Natur sind, handeln wir doch so, als gingen uns die Konsequenzen unseres Handels nichts an, oder wir verdrängen sie. Es ist eben nicht egal, ob, wo und für welchen Preis ich mein Steak kaufe – aus Massentierhaltung, beim Biobauernhof oder überhaupt nicht. Jede meiner Handlungen, wenn ich etwas konkret in die Hand nehme, hat eine direkte reale Auswirkung, auch wenn ich das nicht immer so genau wissen möchte.

Leider fördert unsere kapitalistische Wirtschaftsweise diese Spaltung, indem sie auf der einen Seite immer neuere und größere Bedürfnisse erzeugt, ohne auf der anderen Seite den Preis für die Befriedigung der Bedürfnisse zu zahlen oder, etwas platter gesagt, die Wirtschaft belügt uns über die Möglichkeit und Harmlosigkeit der Bedürfnisbefriedigung, nur um uns noch mehr Dinge zu verkaufen, die wir nicht benötigen, und ruiniert dabei die Welt immer noch weiter. Das funktioniert so lange, wie wir uns belügen lassen.

Eine besonders traurige Rolle spielt hierbei die Politik, die nicht nur die Lügen der Wirtschaft deckt, sondern selber, durch die Gesetzgebung und ihr Verwaltungshandeln, die Zerstörung der Natur mit fördert oder sie zumindest nicht aktiv verhindert.

Wiedervereinigung von Mensch und Natur

Theoretisch ist die Trennung von Mensch und Natur leicht aufzuheben. Wir müssen uns nur als erstes die Tatsache bewusst machen, dass wir ein Teil dieser Natur sind, die Hälfte unserer Gene teilen wir mit den Bäumen. Und dann, in einem zweiten Schritt, müssen wir die Verantwortung für unser Handeln übernehmen. Wir müssen uns die Frage, welche Konsequenzen unsere Bedürfnisbefriedigung in der Natur hat, ehrlich beantworten: Wird dadurch Leben gefördert oder vernichtet?

Offensichtlich reicht das aber nicht. Denn eigentlich wissen wir ja, dass wir ein Teil der Natur sind, und wir wissen auch, dass unser Handeln Probleme verursacht. Jeden Tag können wir in der Zeitung Neues lesen zu Klimawandel, Artensterben und Umweltverschmutzung. Aber wir machen einfach immer weiter, wir verändern unser Handeln nicht. Der weltweite Energieverbrauch steigt jedes Jahr.[2] Das heißt, das Verständnis der Problematik ist zwar eine Voraussetzung für eine Veränderung unserer Handlungen, aber es ist nicht ausreichend, um auch wirklich Veränderungen herbeizuführen.

(Für alle, die jetzt nervös werden und einwenden wollen, sie täten doch schon alles – nicht fliegen, mit dem Fahrrad fahren, Tomaten auf dem Balkon züchten –, bitte ich noch um ein wenig Geduld, nur noch ein paar Absätze.)

Was fehlt, ist ein wirklicher Bezug zur Natur, nicht nur in unserem Kopf, sondern auch in unserem Herzen. Die Natur muss uns wichtig sein, wir müssen sie lieben. Dann können wir sie auch retten. Denn was wir wirklich lieben, das zerstören wir nicht. Aber wie geht das, etwas lieben, jemanden lieben, einen Baum lieben? Indem wir eine Beziehung zu ihm aufbauen. Indem wir Verantwortung für ihn übernehmen, ihn hegen und pflegen, wie der kleine Prinz seine Rose. Pflanzen und Tiere, aber auch Berge, Flüsse und Wiesen, müssen zu unserer Familie werden.[3]

Der Aufbau einer echten Beziehung zur Natur kann aber, wie auch zwischen Menschen, nur durch direkten Kontakt erfolgen, durch die körperliche Erfahrung des anderen. Und hierfür reicht wohl die Tomate auf dem Balkon nicht aus, befürchte ich. Wie wäre es – nur so ein Gedanke –, wenn jeder Mensch für *seinen* Acker direkt verantwortlich wäre, als Mitglied einer solidarischen Landwirtschaft oder einer Eigentümergemeinschaft eines

Bauernhofes, und von dort sein Gemüse erhält? Würden wir dann noch Ackergifte verwenden?

Worauf ich hinaus will: Eine wirkliche Rückverbindung der Menschen zur Natur kann es nur geben, wenn wir sowohl ein Verständnis im Geiste, eine emotionale Beziehung, als auch einen direkten körperlichen Kontakt zur Natur aufbauen. Das ist auf der einen Seite ein individueller Prozess, den jeder nur für sich selber gehen kann. Es funktioniert einfach nicht, wenn ich zu jemandem sage: *Du musst jetzt diesen wunderbaren Baum lieben!* Sicherlich kann man sich gegenseitig unterstützen, die Kids gehen ja auch nicht alleine in den Club. Aber die bewusste, aktive Hinwendung zur Natur ist eine individuelle Entscheidung. Was jede und jeder von uns leisten muss, ist Care-Arbeit an der Natur, an Pflanzen und Tieren. Das bedeutet aber auf der anderen Seite nicht, dass alle Produktionsarbeit in der Natur individuell geleistet wird. Auch wenn viele Berlinerinnen davon träumen, aufs Land zu ziehen und sich selbst zu versorgen, funktioniert das nicht. Denn wenn alle nur noch in ihrem Gemüsegarten herumkrabbeln, dann bleibt ziemlich viel andere wichtige Arbeit liegen, wie Bratsche spielen in der Philharmonie, und außerdem sind die wenigsten gelernte Gärtner. Ich kenne in der Uckermark sehr viele, sehr traurige Gemüsegärten, aus denen noch nie jemand satt geworden ist.

Gemeinschaftliche Aufgaben wie die Rettung der Erde können nur gemeinschaftlich gelöst werden. Es ist völlig richtig, wenn wir weniger fliegen, mehr Fahrrad fahren und Tomaten auf dem Balkon züchten, solange wir dadurch unsere Verbundenheit zur Natur pflegen und gleichzeitig nicht unser gesellschaftliches Engagement vernachlässigen.

Teilen

Der Schlüssel zur Befriedigung unserer materiellen Bedürfnisse aus der Natur ist das bedarfsgerechte Teilen. Bei Nahrung mag das offensichtlich sein, die Suppe wird so lange geteilt, bis der Topf leer ist und hoffentlich alle satt sind. Gibt es zu wenig Suppe, dann bekommen alle zu wenig. Gibt es zu viel, dann ist für morgen noch etwas da. Es kann also nur das verteilt werden, was auch da ist. Wir sind daran gewöhnt, dass normalerweise immer alles da ist, so war es die letzten Jahre. Aber dann kam der Frühling 2020, und plötzlich gab es keine Nudeln und kein Klopapier mehr. Und wer zurzeit auf dem Bau arbeitet, hat jeden Tag mit ausbleibenden Lieferungen zu rechnen. Wichtig ist bei dem Teilungsgedanken zu verstehen, dass es nicht um eine gleiche Teilung geht, also von gleich großen Stücken, sondern um eine Teilung, die dem individuellen Bedarf entspricht. Drei Leute, drei Pizzas. Das Kleinkind bekommt ein Viertel, beißt zweimal ab und füttert mit dem Rest den Hund. Mama kriegt eine halbe Pizza und Papa was noch übrig ist und alle sind satt und glücklich – bis auf den Hund, der muss sich übergeben.

So oder so ähnlich ist es mit allen anderen materiellen Bedarfen auch. Zum Beispiel braucht jeder einen ausreichend großen und komfortablen Wohnraum. Wie sieht es hier mit der bedarfsgerechten Teilung aus? Ist die Größe der Wohnung nicht eher vom Geldbeutel als vom Bedarf abhängig? In der Realität ist sie das sicherlich. Aber genau das ist das Problem. Denn auch Wohnungen sind limitiert. Es gibt einfach nicht unendlich viel Wohnraum. Für jeden Quadratmeter, den eine Person mehr hat, hat eine andere Person einen Quadratmeter weniger.

Bedarf an *Natur*

Auf den folgenden Seiten möchte ich an ein paar Beispielen und mit ganz konkreten Zahlen zeigen, wie sich diese Parameter, Nachhaltigkeit in der Biosphäre, Wiederverwendung von Mineralien und die Verwendung regenerativer Energien, auf die ökonomische Befriedigung materieller und physiologischer Grundbedürfnisse auswirken. Diese Beispiele sind:

- Nahrung
- Kleidung
- Wohnen
- Mobilität

Nahrung

Was wir zum Leben brauchen, sind Lebensmittel in ausreichender Menge und lebensfördernder Qualität, also gesund und lecker. Zu den Lebensmitteln zähle ich neben Essen auch Wasser und Luft.

Luft

Luft fällt auch noch aus einem anderen Grund aus dem Rahmen. Sie ist kein Handelsgut, solange wir nicht auf einer Intensivstation liegen. Luft ist immer und überall verfügbar. Somit ist Luft ein Allgemeingut, sie steht allen immer und kostenfrei zur Verfügung. Wir können so viel atmen, wie wir wollen, im Durchschnitt konsumieren wir an einem Tag 15 Kilogramm Luft. Nur mit der Qualität ist das so eine Sache. Sie wird von uns verunreinigt, durch Abgase und Feinstaub, die durch die Art und Weise, wie wir leben, entstehen. Luft ist dann lebensfördernd, wenn sie nicht verunreinigt und vergiftet ist. Entsprechend sollte unser Wirtschaften die Luftverschmutzung sanktionieren und die Luftreinhaltung fördern. Unserem Luftkonsum sind keine Grenzen gesetzt. Und der Einfluss auf die Natur ist positiv. Mit unserem Atem reichern wir die Luft mit CO_2 an, der Nahrung der Pflanzen.

Wasser

Ein weiteres besonders Lebensmittel ist Wasser. Das brauchen wir nicht alle paar Minuten, aber jeden Tag, sonst trocknen wir aus. Es ist genügend Wasser vorhanden, aber es hapert an der Verteilung und der Qualität. Die Verteilung des Wassers wird schon immer durch die Menschen beeinflusst, durch Dämme, Gräben, Kanäle, Leitungen, Viadukte und den Transport mit Lastwagen und Schiffen. Jeden Tag benötigt unser Körper zwei Liter Wasser. Nur ein Prozent des auf der Erde vorkommenden Wassers hat jedoch Trinkwasserqualität, und dieses Trinkwasser ist von Verunreinigung und Vergiftung bedroht. Jeden Tag verwandeln wir Menschen Trinkwasser in Abwasser. Anders als Luft ist Wasser ein Wirtschaftsgut. Es wird gefördert, aufbereitet und verteilt. Neben der öffentlichen Wasserversorgung, die Trinkwasser für 0,002 Euro pro Liter liefert, kann man sich auch in Plastikflaschen abgefülltes Wasser kaufen, oft in minderer Qualität und für den 1.000-fachen Preis.[4] In vielen Teilen der Welt ist abgefülltes Wasser aber die einzige Möglichkeit, an sauberes Trinkwasser zu gelangen. Genauso wie Luft ist auch Wasser dann lebensfördernd, wenn es nicht verunreinigt oder vergiftet ist. Daher sollte unsere Wirtschaftsweise die Reinhaltung von Wasser fördern und den Verbrauch und die Verschmutzung von Wasser rechtlich und wirtschaftlich sanktionieren. Dabei ist das bisschen Wasser, das durch uns hindurchfließt, gar nicht das Problem, sondern die vielen Liter Wasser, die jeden Tag an uns vorbeirauschen, beim Duschen, Wäsche waschen und in der Toilette. Zum Leben brauchen wir zwei Liter sauberes Trinkwasser am Tag, darüber hinaus verbrauchen wir 130 Liter und, indirekt, in der Landwirtschaft, der Industrie und vor allem bei der Energieerzeugung und zur Kühlung noch weitere 7.000 Liter, ein Großteil davon im Ausland, also mehr als sieben Kubikmeter – jeden Tag.[5]

Ob Luft und Wasser lebendig sind, ist Ansichtssache. Im biologischen Sinne sind sie es nicht, aber ohne sie wäre biologisches Leben auch nicht möglich. So sind die Elemente Sauerstoff, Wasserstoff und Stickstoff maßgebliche Träger des Lebens. Der menschliche Körper besteht zu drei Vierteln aus diesen drei Elementen, also aus Luft (Sauerstoff + Stickstoff) und Wasser (Wasserstoff + Sauerstoff), und zu einem Viertel aus Kohlenstoff. Und Kohlenstoff finden wir, ganz genau, in Karotten, Kohl und Kartoffeln.

Lebensmittel

Wir brauchen Lebensmittel, um zu leben. Mehrmals am Tag bekommen wir Hunger, und dann brauchen wir dringend etwas zu essen, sonst bekommen wir schlechte Laune. Die Menge ist hierbei weniger entscheidend als die Energie, die wir zu uns nehmen. Erwachsene brauchen 2.000 Kilokalorien am Tag, das entspricht einem Glas Olivenöl. Das Essen sollte ausreichend, gesund und lecker sein. Die wunderbare Bezeichnung *Lebensmittel* legt uns ja schon in den Mund, worum es geht, sowohl um Mittel zum Leben als auch um lebendige Mittel. Denn was wir essen, lebt oder hat gelebt. Wir können uns nicht von Unorganischem ernähren. Genau genommen besteht unser Essen aus Pflanzen und Tieren. Wie wir wissen, können wir auf das Essen von Tieren verzichten, und vielleicht sollten wir das auch. Aber auf das Essen von Pflanzen sind wir angewiesen. Um zu leben, müssen wir anderes Leben vernichten. Wir können also nur in und mit der Natur, der Biosphäre, leben. So wie wir durch die Natur wandeln, wandert die Natur durch uns hindurch. Ein stetiges Ineinanderfließen und Verwandeln.

Gegessen wird, was auf den Tisch kommt, und auf den Tisch kommt, was im Garten und auf dem Acker wächst oder im Wasser schwimmt. Der Speiseplan variiert von Region zu Region, enthält aber immer Pflanzen – wie Kartoffeln, Reis, Getreide, Gemüse, Obst – und Tiere – wie Fische, Vögel,

Schweine, Kühe und manchmal einen Frosch – sowie tierische Produkte – wie Milch, Eier und Honig.

Unser durchschnittlicher Bedarf an Lebensmitteln beträgt eine halbe Tonne organischen Materials im Jahr. Diesen Bedarf können wir auch nicht verringern, ohne zu hungern:[6]

Unser jährlicher Bedarf Nahrung	Summe	Pflanzen	Tiere
Aktuell	500 kg	350kg	150kg
Lebensfreundlich	500kg	450kg	50kg

Was kann ich tun?

- nur noch Biolebensmittel einkaufen
- weniger Tiere essen

Was ist Aufgabe der Politik?

- nur noch Biohöfe fördern
- für artgerechte Tierhaltung sorgen

Kleidung

Wir benötigen Kleidung für alle Jahreszeiten und Gelegenheiten. Kleidung erfüllt viele unterschiedliche Zwecke. Sie erfüllt den Wunsch, uns zu bedecken, um nicht nackt herumzustehen, befriedigt unsere Ansprüche an Ästhetik und Repräsentation, hilft bei der Wärmeregulierung und dem Schutz vor Feuchtigkeit. Dabei ist es nicht immer ganz einfach, die sich zum Teil widersprechenden Anforderungen unter einen Hut zu bringen. Kleidung besteht aus gewobenen, gestrickten, gewalkten und gehäkelten Stoffen, Leder und Folien. Aus diesen Stoffen basteln wir uns eine Verpackung für uns selber.

Die wohl wichtigste Anforderung ist die Flexibilität. Wir müssen uns in der Kleidung bewegen können, ohne uns zu verletzen. Kleidung muss passen, natürlich und bequem sein, und sie soll dabei noch gut aussehen. Die physikalischen Anforderungen sind Schutz vor Wärme, Kälte, Sonne, Wind, Feuchtigkeit und natürlich den Blicken der anderen.

Mit dem Umfang der Kleidung, die wir benötigen, ist das so eine Sache. Wir können zwar nicht beliebig viel anziehen, aber beliebig viele Stücke in den Schrank stopfen. Es ist vor allem eine Frage der Mode, wie viele unterschiedliche Ausführungen wir von jedem Teil gerne haben, und wie oft wir Wäsche waschen. Jeder von uns besitzt im Durchschnitt 100 Kleidungsstücke. Ein Outfit wiegt 1,6 Kilogramm. Da wir ab und zu mal shoppen gehen, und uns jedes Jahr sechs Mal komplett neu einkleiden, kommen wir auf einen Kleiderverbrauch von 10 Kilogramm im Jahr. Die Hälfte davon entsorgen wir ohne sie jemals, oder nur ein einziges Mal, getragen zu haben. Das bezieht sich aber nur auf die von uns gekaufte Kleidung. Der Handel wirft selber auch schon die Hälfte weg. Das bedeutet, nur ein Viertel der produzierten Kleidung wird auch getragen. Die EU hat gerade beschlossen, dass ab sofort die Entsorgung fabrikneuer Kleidung verboten ist. Das könnte die Kleiderproduktion um die Hälfte verringern. Mal sehen was passiert.[7]

Unser jährlicher Bedarf an Kleidung	
Aktuell	10 kg
Lebensfördernd	5 kg

Was kann ich tun?

- weniger neue Kleidung kaufen
- nur noch Naturfasern aus Bioanbau tragen

Was ist Aufgabe der Politik?

- Wegwerfmode verbieten
- nur noch Naturfasern fördern

Wohnen

Auch Wohnraum ist für uns Menschen ein Grundbedarf. Wir benötigen einen Platz, an dem wir uns sicher fühlen und vor Wetter, Tieren und Menschen geschützt sind. Anders als bei Nahrung und Kleidung ist es aber nicht so einfach, einen konkreten Bedarf zu definieren. Platz ist in der kleinsten Hütte. Aber manche brauchen auch etwas mehr.

Die Wohnraumgröße ändert sich ständig. In den letzten Jahren ist sie in Deutschland pro Person in jedem Jahr um einen halben Quadratmeter gewachsen, von 20 Quadratmetern im Jahr 1960 bis auf heute 50 Quadratmeter. Für diesen Flächenzuwachs gibt es mehrere Gründe. Die zwei wichtigsten sind, dass es immer mehr kleine Haushalte gibt, in jedem dritten wohnt nur noch eine Person. Diese Haushalte sind schon aufgrund der Raumaufteilung größer, da sie sich mit niemandem Bad und Küche teilen. Der andere Grund ist, dass wir uns immer mehr Wohnraum leisten können. Das mag sich in der aktuellen Entwicklung der Mieten und den gestiegenen Energiepreisen wieder ändern, aber so war es bisher. Der Anteil am verfügbaren Einkommen, den Haushalte für Wohnkosten aufbrachten, stieg im gleichen Zeitraum von 10 Prozent auf heute 25 Prozent. Das war vor allem möglich, weil andere Ausgaben, vor allem für Lebensmittel, im Verhältnis deutlich günstiger wurden.[8]

Der steigende Raumbedarf ist neben der Zuwanderung der Hauptgrund für den aktuellen Wohnraummangel in den Städten. Am 12.1.2023 stand auf der Titelseite des Berliner Tagesspiegel: *In Deutschland fehlen 700.000 Wohnungen.*

Für ein Prozent unseres Einkommens können wir uns durchschnittlich zwei Quadratmeter Wohnraum leisten, d. h. für 100 Prozent unseres Einkommens bekommen wir durchschnittlich 200 Quadratmeter Wohnfläche. Diese Annahme ist vielleicht nicht ganz sinnvoll, denn wir müssen ja auch noch etwas essen, zeigt aber eine obere Grenze, spätestens bei 200 Quadratmetern ist Schluss. Real halte ich 100 Quadratmeter als maximale Obergrenze für realistischer. Dafür würden wir dann durchschnittlich die Hälfte unseres Einkommens ausgeben. Das würde bedeuten, dass wir jedes Wohngebäude in Deutschland noch einmal bauen müssten. Dafür bräuchten wir, bei jetzigem Bautempo, noch weitere 100 Jahre.[9]

Verteilung des Wohnraums

Wenn wir uns die aktuelle Aufteilung von Wohnfläche und dem hierfür aufgewendeten Anteil des Einkommens im Verhältnis zum Alter der Bewohnerinnen und Bewohner ansehen, stoßen wir auf ein spannendes Phänomen. Je älter die Menschen, umso höher die Wohnkosten und umso höher der Anteil des Einkommens. Ein Drittel der älteren Miethaushalte geben mehr als 40 Prozent ihres Einkommens fürs Wohnen aus.[10]

Wieso wohnen ältere Menschen in so großen Wohnungen und geben dafür überdurchschnittlich viel Geld aus? Das hat vor allem damit zu tun, dass im Laufe der Zeit die Familie nach und nach auszieht, bis nur noch einer übrig ist. Der alleinstehende Mensch zieht nicht um, da er gerne in der Wohnung und vor allem auch im Kiez bleiben möchte. Noch wichtiger ist: eine kleinere Wohnung wäre für ihn oft teurer, mal ganz abgesehen von den Umzugskosten. Für viele ältere Menschen wäre ein Umzug in eine kleinere und günstigere Wohnung ein Segen, nur müssten hierfür entsprechend bezahlbare Wohnungen vor Ort zur Verfügung stehen. Der Wohnraummangel ist somit auch dem Missmanagement der Wohnraumbewirtschaftung geschuldet und nur zum Teil dem Wohnraumhunger der Menschen.

Die Anforderungen an Wohnraum sind vielfältig. Er sollte warm sein, aber nicht zu heiß. Winddicht, aber gut belüftet. Trocken, hell und ausreichend groß. Jede Wohnung soll über Bad, Küche und mindestens ein Zimmer mit ausreichender Belichtung verfügen, wobei das Fenster nicht nach Norden zeigen darf, sagt die Bauordnung. Anforderungen an die Größe beziehen sich vor allem auf die Zimmerhöhe, diese darf nicht weniger als 2,40 Meter betragen, außer in Mecklenburg, dort reichen 2,30 Meter.[11]

Aber was könnte denn eine angemessene Größe sein? Chinesinnen sind mit 30 Quadratmetern zufrieden, US-Amerikaner brauchen 75 Quadratmeter. Sozialhilfeempfangende in Deutschland werden bis 40 Quadratmeter für eine Einzelwohnung unterstützt, und für jeden weiteren Menschen dürfen 20 Quadratmeter hinzukommen. In Tokyo wohnen 15 Millionen Menschen auf durchschnittlich 15 Quadratmetern.[12]

Wenn wir vom Einkommen ausgehen, kommen wir auf ähnliche Flächen. Das durchschnittlich verfügbare Pro-Kopf-Einkommen beträgt 2.000 Euro im Monat, hiervon ein Drittel sind 660 Euro, und bei einer Warmmiete von 12 Euro pro Quadratmeter entspräche das einer 55-Quadratmeter-Wohnung.[13]

Aktuell leben zwei Drittel aller Menschen auf weniger als 50 Quadratmetern, der aktuellen Durchschnittsgröße. Einem Drittel steht mehr als 50 Quadratmeter Wohnraum zur Verfügung. Wären alle mit der Größe ihrer Wohnung zufrieden, müssten keine neuen Wohnungen mehr gebaut werden. Der Wohnungsbestand in Deutschland beträgt 40 Millionen Wohnungen. Es gibt also 40 Millionen Haushalte mit durchschnittlich zwei Menschen je Wohnung. Die Wohnungen befinden sich in Einzelhäusern, Reihenhäusern, freistehenden Wohnblocks und städtischen Blockbebauungen.[14]

Unser Bedarf an Wohnraum:	
Aktuell	50 m²
Lebensfördernd	50 m²

Was kann ich tun?

- mit meiner Wohnung zufrieden sein

Was ist Aufgabe der Politik?

- wohnen als gemeinnützig einstufen

Mobilität

Wir sind auf Mobilität angewiesen. Deswegen sehe ich sie auch als Grundbedarf. Das betrifft vor allem den Weg zu Arbeit und Schule, aber auch zum Einkaufen, für Arztbesuche und zum Frisör. Und auch in unserer Freizeit möchten wir uns bewegen, Oma besuchen, vielleicht ins Fitnesscenter, zum Kirchenchor oder auch mal an den Strand.

Je nach Wohnort, Umfeld und Arbeitsstätte können die Wege ganz entspannt zu Fuß und mit dem Fahrrad zurückgelegt werden. Gibt es ein gutes öffentliches Angebot, kommt für weitere Strecken auch der ÖPNV infrage. In ländlichen Gebieten gibt es den aber oft nicht, weder gut noch überhaupt, und so bleibt nicht selten nur das eigene Auto.

Durchschnittlich legt jeder Mensch in Deutschland an jedem Tag 40 Kilometer auf Straße und Schiene zurück. Für die Wegstrecken werden, je nach Entfernung, die Füße oder unterschiedliche Fahrzeuge genutzt. Das meiste davon, 30 Kilometer, fahren wir mit dem eigenen Auto, acht Kilometer mit Bus und Bahn, und lediglich zwei Kilometer gehen wir zu Fuß oder fahren mit dem Rad. Die 40 Kilometer am Tag summieren sich auf knapp 15.000 Kilometer im Jahr. Alle 2 ½ Jahre fahren wir rund um den Äquator. Und das meiste davon mit dem eigenen Auto.[15]

Zurück zu unserem Alltag. Denn hier spielt die Musik. Hier verbrauchen wir nicht nur 80 Prozent der Energie, die wir für Mobilität verwenden, sondern auch unsere Lebenszeit. Wie gesagt, wir sind jeden Tag 40 Kilometer unterwegs, dafür brauchen wir etwa eine Stunde. Ich finde, ein einzelner Weg sollte höchstens 15 Minuten betragen. Längere Wegstrecken verbrauchen zu viel Zeit und Energie. Umweltmäßig unbedenklich sind natürlich Fußgängerinnen und Radfahrer. Bei dieser Fortbewegung, bei 15 Minuten, kommt man jedoch nur einen Kilometer zu Fuß und vier Kilometer mit dem Rad. Mit Bus, U-Bahn und Auto schafft man in der Stadt schon 10 Kilometer, auf der Landstraße 15 Kilometer und auf der Autobahn 25 Kilometer. Der ICE erreicht sogar 40 Kilometer, falls er fährt. Am weitesten in einer Viertelstunde kommt mit 200 Kilometern der Ferienflieger, Malle in 2½ Stunden.[16]

Hierzu gibt es einen spannenden Vorschlag von Carlos Moreno: *Die 15-Minuten-Stadt.* Alle täglichen Ziele sollen in maximal 15 Minuten zu Fuß, mit dem Rad oder dem ÖPNV, also ohne Auto, erreichbar sein. Hierzu bedarf es einer ausreichend engmaschigen Verteilung der täglichen Daseinsvorsorge. Insbesondere auch die strenge Trennung von Arbeit und Wohnen wäre aufgehoben. So wird jeder Stadtteil zu einem eigenen Dorf.[17]

Unser täglicher Bedarf an Mobilität	
Aktuell	40 km
Lebensfördernd	20 km

Was kann ich tun?

- Wohnen und Arbeiten nah zueinander legen
- Auto verkaufen

Was ist Aufgabe der Politik?

- alle Orte in 15-Minuten-Städte verwandeln
- Tempolimit einführen

Verfügbarkeit und Verwendung der Ressourcen

Um unsere Bedürfnisse befriedigen zu können, benötigen wir entsprechende Ressourcen in ausreichender Menge. Hier beschränke ich mich auf die Ressourcen Energie, Material, Grund und Boden und Arbeit. Weitere wichtige Ressourcen sind vor allem Luft und Wasser.

Ressource Energie

Für alles, was wir tun, brauchen wir Energie. Wenn wir laufen, reden, denken, brauchen wir Energie. Energie ist die Möglichkeit einer Tätigkeit. Haben wir viel Energie, können wir viel bewegen. Haben wir keine Energie, passiert einfach nichts. Nicht alles in unserem Leben dreht sich um Energie, aber alles, was sich dreht, dreht sich nur aufgrund von Energie. Im Bereich der *Natur*, der Materialität, sprechen wir von physikalischer Energie.

Wir Menschen brauchen jeden Tag 2.000 Kalorien, die wir mit unserer Nahrung zu uns nehmen, um normal über den Tag zu kommen, also um aufstehen, uns anziehen, Zähne putzen, arbeiten, einkaufen und im Park spazieren zu gehen.

Wollen wir mal etwas weiter weg, wie Goethe, der von Italien träumte, stehen wir vor der Wahl – entweder wir nutzen unsere eigene Energie und wandern, dann brauchen wir ein paar Monate. Oder wir nehmen wie Goethe eine Kutsche, dann dauert die Reise ein paar Wochen, oder wir verbrennen ein paar Liter Öl, dann schaffen wir die Strecke in ein paar Stunden. Ganz egal, wie wir reisen, wir schaffen es nach Italien, der Unterschied liegt in der Zeit. Energie ist so eine Art Beschleuniger. Mit ausreichend viel Energie können wir sogar fliegen, es verleiht uns Superkräfte.

Die meiste Energie verbrauchen wir zu Hause zum Heizen und Kochen, und um unser Auto jeden Tag zu bewegen. Unsere primäre Anforderung an Energie ist unbegrenzte Verfügbarkeit zu einem niedrigen Preis. Dabei spielt es fast keine Rolle, in welcher Form die Energie geliefert wird, ob fest, flüssig, gasförmig oder elektrisch, wir passen uns an, wir verbrennen alles. Jede Energieform hat ihre Vor- und Nachteile. Da es aber kein Problem ist, eine Energieform in eine andere Energieform umzuwandeln, verbrauchen wir einfach alles, was wir in die Finger bekommen.

Anders als zum Beispiel beim Essen ist der Energieverbrauch für uns nicht natürlich limitiert (wenn wir satt sind, sind wir satt). Von unseren Superkräften können wir nicht genug haben, oder? Die Begrenzung kommt nicht aus uns heraus, sie muss von außen kommen, und das tut sie auch. Einmal über den Preis, die Energie fällt ja nicht vom Himmel, auch wenn die Sonne scheint, ist die Bereitstellung nicht umsonst. Der andere, und entscheidende Faktor, ist die lebenzerstörende Wirkung der Energienutzung, insbesondere bei der Verbrennung von Kohle, Öl und Gas. Die Nutzung fossiler Energien ist tödlich, für uns und den Rest der Welt. Aber auch regenerative Energien sind nicht ganz für lau zu haben, auch sie sind nicht nachhaltig. Bis sich ein Windrad dreht oder eine Solaranlage auf dem Dach liegt, werden jede Menge Ressourcen verbraucht, werden Müll, Solarzellen, Batterien und Flügel von Windrädern produziert, wird in die Umwelt eingegriffen, Lithium, Kupfer und Stahl gefördert und Kalksteine zu Beton gebrannt. Und jede Menge Vögel geschreddert.

Stellen wir den Schutz des Lebens an die erste Stelle, bleiben an Anforderungen nur noch übrig: So wenig Energie verbrauchen wie möglich und dabei überhaupt keine fossilen Kohlenstoffe mehr verbrennen.

Wir haben die Wahl: Wollen wir mehr Superkräfte, oder wollen wir mehr Leben?

Wie viel Energie gibt es?

Gefühlt sind wir immer nur am Energiesparen. Maschinen werden effizienter, die alten Glühbirnen haben wir schon längst durch LEDs getauscht, und unsere Häuser packen wir dick mit Dämmung ein. Dabei fiel der Energieverbrauch in Deutschland die letzten Jahre auf 12.000 Peta Joule. Das entspricht einem Pro-Kopf-Konsum von 40.000 Kilowattstunden im Jahr (Bruttoprimärenergie). Und das ist keine gute Nachricht. Das heißt nämlich, der Energieverbrauch ist nicht zurückgegangen, sondern sogar gestiegen, da jede regenerativ erzeugte Kilowattstunde drei fossile Kilowattstunden ersetzt. Kann das stimmen? Leider ja, unsere Häuser werden größer und unsere Autos schwerer und schneller.[18]

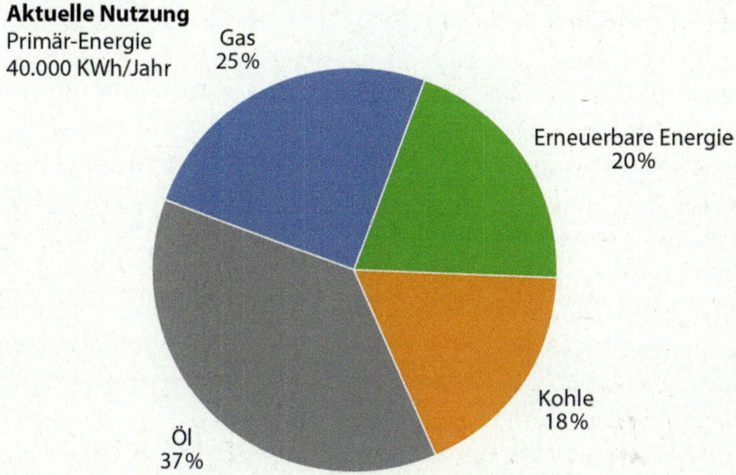

Abbildung 2b Aktuelle Nutzung der Primär-Energie in Deutschland (2023) nach Energieträger. Das sind 40.000 kWh im Jahr für jede und jeden. [Angaben in Prozent]

Woher kommen die 40.000 Kilowattstunden, die jeder von uns jedes Jahr verbraucht? Vor allem aus dem Boden, zu 80 Prozent sind es Kohle, Öl und Gas, und lediglich 20 Prozent sind Ökostrom aus Sonne, Wind und Wasser.[19]

Die 40.000 Kilowattstunden, die jeder von uns verbraucht, entsprechen 4.000 Liter Öl, die jede und jeder von uns jedes Jahr verbrennt. Damit ist der Energieverbrauch aber nicht limitiert. Wir könnten noch viel mehr verbrauchen. Eine Beschränkung erfolgt nur indirekt über die Kosten, die Auswirkungen des Energieverbrauchs auf die Umwelt und über den Flächenverbrauch.

Wofür verwenden wir die ganze Energie?

Den größten Anteil, 40 Prozent, verwenden wir für Herstellung und Bereitstellung von Energie, insbesondere bei der Stromerzeugung aus fossiler Energie. So verbleiben noch 24.000 Kilowattstunden an Endenergie, die wir direkt einsetzen können. Die eine Hälfte, 12.000 Kilowattstunden, verbrauchen wir, um unsere Wohnung zu heizen (6.000 Kilowattstunden), Auto zu fahren und in den Urlaub zu fliegen (4.000 Kilowattstunden), zum Kochen und Wäschewaschen und mit unserem Computer zu spielen (2.000 Kilowattstunden). Die andere Hälfte, ebenfalls 12.000 Kilowattstunden, wird von Industrie, Dienstleistung und Gewerbe verbraucht, um all die schönen Dinge zu produzieren. Denn an jeder Kilowattstunde, die wir direkt verbrauchen, hängt noch eine weitere Kilowattstunde, die wir indirekt verbrauchen.[20]

Direkt verbrauchen wir also nur ein knappes Drittel der Energie, die wir tatsächlich insgesamt verbrauchen. Wenn wir irgendetwas für die Umwelt tun können, dann wäre es an erster Stelle, den Energieverbrauch zu senken und an zweiter Stelle, die fossilen Energiequellen durch regenerative zu ersetzen.

Regenerative Energie

Bevor wir uns die einzelnen Bereiche genauer ansehen, möchte ich ein paar Gedanken zur Verwendung regenerativer Energien einfügen. Prinzipiell sind regenerative Energien natürlich sinnvoll, sie schützen die Umwelt und das Klima. Aber nicht alle regenerativen Energiequellen sind gleich effektiv. Für die gleiche Leistung brauchen Energiepflanzen, wie Mais für Biogasanlagen, etwa 40-mal so viel Fläche wie Solaranlagen und Windräder. Aktuell werden auf 10 Prozent der Ackerflächen Energiepflanzen angebaut. Würde man diese Fläche mit Solaranlagen belegen, wäre unser Energiebedarf vollständig gedeckt. Entsprechend fragwürdig ist auch das verzweifelte Projekt, aus Pflanzen Biokraftstoffe herzustellen, wie Porsche das im großen Maßstab vorantreibt, um seine Verbrennungsmotoren zu retten. Für eine Kilowattstunde Biokraftstoff werden 10 Kilowattstunden für die Herstellung aufgewendet. Ein Porsche braucht dann nicht mehr 12 Liter auf 100 Kilometer, sondern 120 Liter.[21]

Wie viel Energie brauchen wir für unsere Nahrung?

Für die Erzeugung und Zubereitung unserer Nahrung verwenden wir aktuell fürs Kochen, den Ackerbau, die Verarbeitung und den Handel 2.400 Kilowattstunden im Jahr. Davon entfallen 40 Prozent auf den eigenen Haushalt und jeweils 30 Prozent auf Landwirtschaft und Lebensmittelindustrie.[22]

Die Menge an Nahrung, die wir zu uns nehmen, können wir nicht reduzieren. Da jedoch die Hälfte der landwirtschaftlichen und industriellen Produktion mit der Verarbeitung von Fleisch und Milch beschäftigt ist, könnte durch die Halbierung des Fleisch- und Milchkonsums ein Drittel der Energie eingespart werden. Bei vollständigem Verzicht auf tierische Produkte sogar die Hälfte.[23]

Unser jährlicher Energie-Bedarf für Nahrung	Summe	direkt	indirekt
Aktuell	2.400 kWh	1.000 kWh	1.400 kWh
Lebensfördernd	1.200 kWh	500 kWh	700 kWh

Wie hoch ist der Energiebedarf für Kleidung?

Der gesamte Energieverbrauch für unsere Kleidung beträgt 1.500 Kilowattstunden im Jahr. Er wird für Faserproduktion, Stoffherstellung, das Nähen der Kleidung und fürs tägliche Waschen, Trocknen und Bügeln verwendet. Direkt bei uns zu Hause verbrauchen wir zwei Drittel der Energie für die Kleiderpflege. Die Energie für die Herstellung haben wir ausgelagert, wir lassen in China nähen. Die Produktion von 10 Kilogramm Kleidung benötigt 500 Kilowattstunden Energie. Damit beträgt unser gesamter Energieverbrauch für die Kleiderproduktion 1.500 Kilowattstunden im Jahr.[24]

Energie sparen können wir vor allem zu Hause. Indem wir die Waschmaschine nur laufen lassen, wenn sie auch voll ist und den Wäschetrockner gleich mal rauswerfen, er ist ein Energieschlucker und ruiniert die Wäsche. Hierdurch können wir die Hälfte im Jahr einsparen. Indirekt können wir auch noch Energie sparen, indem wir einfach weniger Kleidung verbrauchen. Also weniger kaufen, die Sachen länger tragen und Neues einfach mal im Vintageladen kaufen oder Tauschbörsen nutzen. Da die Hälfte der produzierten Kleidung nie getragen wird, brauchten wir sie eigentlich auch gar nicht erst produzieren. Und auch die Verwendung von Naturfasern spart Energie, da deren Herstellung weniger energieintensiv ist als die Produktion von Kunstfasern.[25]

Unser jährlicher Energie-Bedarf für Kleidung	Summe	indirekt	direkt
Aktuell	1.500 kWh	1.000 kWh	500 kWh
Lebensfördernd	800 kWh	500 kWh	300 kWh

Energiebedarf fürs Wohnen

Fürs Wohnen benötigen wir Energie für die Heizung und unseren täglichen Stromverbrauch. Sehr viel Energie wird aber schon während der Bauphase verwendet. Insgesamt entfallen im Jahr auf den Wohnbereich 6.000 Kilowattstunden fürs Heizen und 1.600 Kilowattstunden, die wir indirekt für Baumaßnahmen einsetzen. Zusammen verbrauchen wir also 7.600 Kilowattstunden.[26]

Die Heizung füttern wir aktuell immer noch zu 99 Prozent mit Kohle, Öl und Gas. Eine Umstellung auf Strom ist in Kombination mit einer Wärmepumpe sinnvoll. Wärmepumpen haben einen Wirkungsgrad von 1 zu 3. Das bedeutet, dass wir für jede Kilowattstunde Strom drei Kilowattstunden Wärme bekommen. Es bedeutet aber auch, dass der Verbrauch ziemlich genau dem einer Gasheizung entspricht, solange der Strom für die Pumpe nicht von Wind und Sonne kommt. Die Umstellung auf eine Wärmepumpe ist dennoch schon jetzt sinnvoll, weil hierdurch die Belastung der Umwelt durch fossile Energienutzung gesenkt wird.[27]

Das eigentliche Einsparpotenzial liegt in der Absenkung des Energieverbrauchs durch eine bessere Wärmedämmung der Gebäudehülle. Das ist auch das erklärte Ziel unserer Regierung. Hier ist mittelfristig die Einsparung der Hälfte des Energiebedarfs möglich.[28] Ein weiteres Einsparpotenzial im Gebäudebereich finden wir auf der Baustelle, nämlich durch den Verzicht auf Neubauten und die Umstellung von Massiv- auf Holzbauweise. In Kombination mit einer Reduzierung des Neubaus um die Hälfte können somit drei Viertel der Wohnenergie eingespart werden.[29]

Unser jährlicher Energie-Bedarf für Wohnen:	Summe	direkt	indirekt
Aktuell	7.600 kWh	6.000 kWh	1.600 kWh
Lebensfördernd	4.000 kWh	3.000 kWh	1.000 kWh

Energieverbrauch der Mobilität

Der Energieverbrauch in der Mobilität entsteht bei der Herstellung und dem Betrieb der Fahrzeuge und dem Straßenbau. Dabei tragen beide Bereiche etwa gleich viel zum Gesamtverbrauch bei. Insgesamt füllen wir jedes Jahr 4.000 Kilowattstunden in Form von Öl in den Tank unseres Autos. Und das verbrennen wir dann zu 80 Prozent im Alltag und zu 20 Prozent auf dem Weg nach Italien. Für die Herstellung unseres Autos brauchen wir noch einmal 2.000 Kilowattstunden im Jahr, und der Bau der Straßen benötigt weitere 1.500 Kilowattstunden.

Als Verkehrsmittel nutzen wir aber nicht nur das liebe Auto, sondern auch die sauberen Busse und Bahnen und das böse Flugzeug. Für Betrieb und Herstellung der Fahrzeuge, die wir das ganze Jahr nutzen, und den Bau der Fahrbahnen verbrauchen wir insgesamt 8.500 Kilowattstunden. Sie verteilen sich aufs Auto (7.400 Kilowattstunden), Bus und Bahn (800 Kilowattstunden) und Flugzeug (300 Kilowattstunden).[30]

In diesem Bereich haben wir mehrere Möglichkeiten, die Energienutzung und damit die Umweltbelastung zu reduzieren, etwa durch Minimierung der zurückgelegten Strecken, Verkürzung der Wege in unserem Alltag und durch Umstellung auf regenerative Energien. Wie wir oben sehen, verbrauchen wir die allermeiste Energie mit unserem Auto. Das hat zwei Gründe: Es ist das Fahrzeug, das wir am meisten verwenden und das am meisten Energie pro Kilometer verbraucht. Deswegen liegt hier auch das größte Einsparpotenzial. Je größer und schwerer ein Fahrzeug ist und umso schneller es fährt, desto mehr Energie benötigt es für die Fortbewegung.

Gewicht und Geschwindigkeit

Wie viel ein Auto verbraucht, hängt bei langsamen Fahrten, also in der Stadt, vor allem von seinem Gewicht ab. Auf Landstraße und Autobahn spielt dagegen der Windwiderstand die größere Rolle. Pauschal kann man sagen: Ein

Auto, das 200 Stundenkilometer fährt, verbraucht doppelt so viel Benzin wie ein Auto, das nur 100 Stundenkilometer fährt. Da aber die wenigsten Autos 200 Stundenkilometer fahren, ist die Energieeinsparung, durch ein Tempolimit von 120 auf Autobahnen, erstaunlich gering, etwa 5 Prozent.[31]

Anders sieht es mit dem Gewicht aus: Ein Auto, das zwei Tonnen wiegt, verbraucht doppelt so viel wie ein Auto, das nur eine Tonne wiegt. Da schwere Autos auch größer sind und eine größere Windangriffsfläche haben, wird dieser Effekt noch vergrößert. Die Reduzierung des durchschnittlichen Wagengewichts um die Hälfte würde den Energieverbrauch halbieren. Wieso stufen wir nicht alle Autos, die mehr als eine Tonne wiegen, als Lkw ein? Dann würde sich die Anzahl der schweren Privatautos stark verringern.[32]

Kurze Wege

Die Verkürzung der Wege würde den Energieverbrauch erheblich reduzieren. Bei konsequenter Umsetzung des Konzepts der 15-Minuten-Stadt (alle täglichen Wege wären in 15 Minuten per Fuß oder Rad erreichbar), könnten 80 Prozent der Autokilometer eingespart werden.[33]

Reisen

Kommen wir zum Flugzeug. Dieses nutzen wir im Regelfall nur für Urlaubsreisen, vor allem für Fernreisen. Das Problem ist, dass Flugzeuge je Reisekilometer nur die Hälfte der Energie verbrauchen wie Autos, also etwa so viel wie Bus und Bahn. Das bedeutet, es ist bezüglich des Energieverbrauchs völlig egal, ob wir fliegen oder mit dem Zug fahren. Der Umstieg auf den ÖPNV ist dennoch zu empfehlen, da die in großer Höhe ausgebrachten Abgase des Flugzeugs wesentlich schädlicher fürs Klima sind. Aber aufs Reisen ganz zu verzichten möchte ich nicht empfehlen. Warum nicht mal Hiddensee statt Hawaii? Oder Mannheim statt Malle?[34]

Elektroautos

Bleibt noch der Umstieg auf regenerative Energien. Das ist natürlich sinnvoll. Spart jede Menge CO_2 und auch zwei Drittel der Primärenergie aufgrund der hohen Umwandlungsverluste der Verbrenner. Wirklich lecker werden E-Autos aber erst, wenn der Strom durch Wind und Sonne produziert wird und günstige, rohstoffarme, umweltfreundliche, recyclingfähige Batterien zur Verfügung stehen.

Unser jährlicher Energie-Bedarf für Mobilität:	Summe	direkt	indirekt
Aktuell	8.500 kWh	4.000 kWh	4.500 kWh
Lebensfördernd	2.000 kWh	1.000 kWh	1.000 kWh

Verwendung der Ressource Energie

Energie verbrauchen wir vor allem in den Bereichen Wohnen und Mobilität. Der aktuelle Energieverbrauch ist zwar nach wie vor sehr hoch, aber es gibt erhebliche Einsparpotenziale. So könnten wir ohne Einschränkungen bis zu zwei Drittel der Energiemenge einsparen. Und damit auch viel Geld und Zeit im Stau. Und wir bräuchten viel weniger Fläche für Solaranlagen und viel weniger Windräder!

Ressource Material

Die Waren, die wir produzieren und nutzen, bestehen aus physischem Material, vor allem aus Mineralien, Metallen und Holz, sowie aus einer Vielzahl an Kunststoffen, die wiederum vor allem aus Erdöl, aber auch aus Pflanzen gewonnen werden. Für den Produktionsprozess benötigen wir ebenfalls Material, vor allem Energie in Form von Kohle, Öl und Gas, aber auch Dünger und Ackerchemikalien in der Landwirtschaft, Farben und Textilchemikalien in der Kleidungsproduktion, Dämmstoffe für den Hausbau und Gummi für die Autoreifen.

Wie viel Material gibt es?

Auch wenn wir glauben, wir wären steinreich, gehen langsam, aber sicher die natürlichen Vorkommen an Sand und Kies zur Neige. Wie auch viele andere Bodenschätze. Würden wir konsequent recyceln, wäre das Materialvorkommen zwar auf die aktuelle Menge begrenzt, aber immer wieder nutzbar. Theoretisch keine Begrenzung gibt es bei nachwachsenden Rohstoffen, vor allem bei Holz. Einmal abgesehen von der Fläche, auf der es wächst, und der Zeit, die es zum Wachsen braucht.

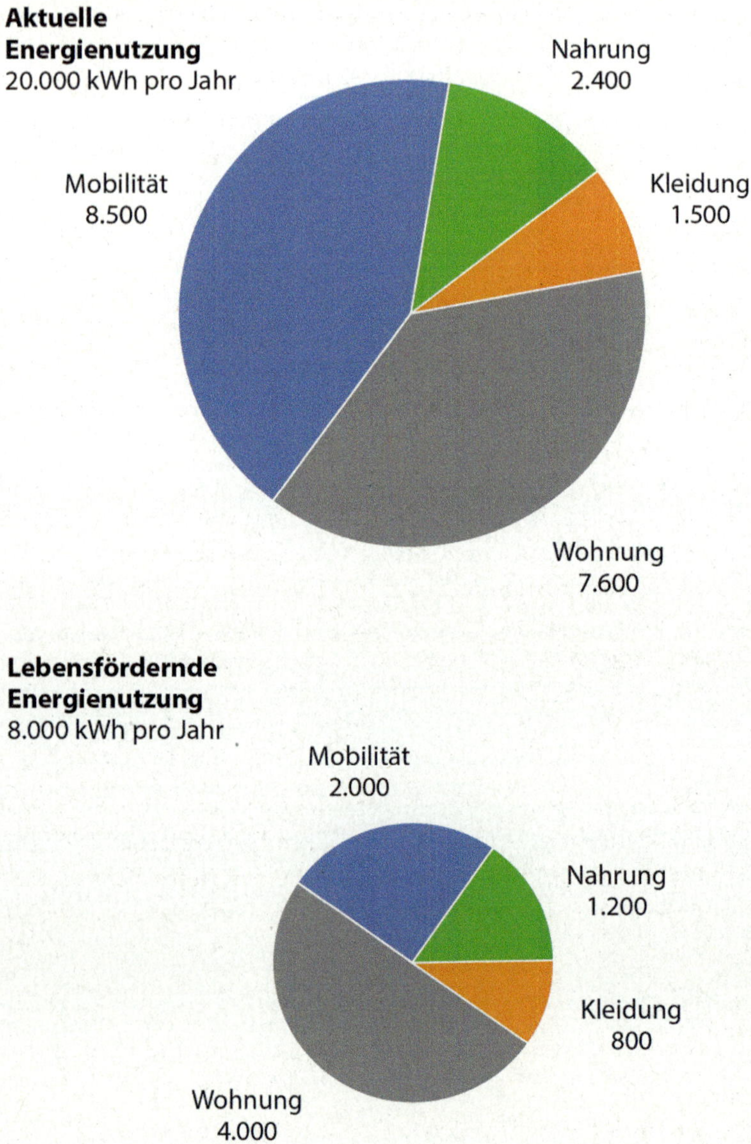

Abbildung 2c Unsere aktuelle (20.000 kWh) und lebensfördernde (8.000 kWh) Energienutzung pro Jahr zur Befriedigung unserer Grundbedürfnisse Nahrung, Kleidung, Wohnen und Mobilität. [Angaben in Kilowattstunden pro Jahr]

Was es noch sehr viel gibt, sind fossile Energiequellen wie Kohle, Öl und Gas. Deren Nutzung aber schädigt das Klima. Regenerative Energien sind da schon viel besser, aber auch nicht ganz materialfrei, wie wir ja an den Schwertransportern auf der Autobahn sehen, die Windräder transportieren.

Von der Menge her brauchen wir am meisten für den Gebäude- und Straßenbau. Hier kommen vor allem Mineralien in Form von Sand, Kies und Schotter zum Einsatz. In Deutschland fördern wir 600 Millionen Tonnen jedes Jahr, die wir auch komplett verbauen, das sind 7.100 Kilogramm Steine, die jede und jeder von uns im Jahr *verbraucht*.

Unter den Metallen ist Stahl am wichtigsten. Stahl können wir in Deutschland nur noch aus Altmetall, also durch Recycling, gewinnen. Das letzte Bergwerk für Eisenerz wurde im Jahr 1982 in Salzgitter geschlossen. An Stahl stehen zur Verfügung: 15 Millionen Tonnen aus Recycling und 20 Millionen Tonnen, die wir aus dem Ausland beziehen, also insgesamt 35 Millionen Tonnen. Macht pro Kopf 400 Kilogramm Stahl im Jahr.

Holz ist das einzige regenerative Material, das wir in großen Mengen verwenden. An heimischem Holz wachsen jedes Jahr 200 Millionen Tonnen nach. Pro Person sind das 2.500 Kilogramm (also fünf bis acht Kubikmeter Holz!). Mit diesem Holz können wir Häuser bauen oder sie in unserer Heizung verbrennen.[35]

Materialeinsatz für Nahrung

Unsere Nahrung hat einen weiten Weg hinter sich, bis wir sie in den Mund stecken. Auf dem Acker wird sie angebaut. Hierfür benötigen wir Material für Gebäude, Mähdrescher, Dünger, Pestizide und Treibstoffe. Dann werden diese Produkte in der Lebensmittelindustrie zu leckeren Tiefkühlpizzen verarbeitet. Auch hier werden Gebäude und Maschinen gebraucht. Und schließlich gelangt sie über den Handel in unsere Küche und von dort auf unseren Teller.

Steine

Beim Bau von Hofgebäuden und Fabrikhallen kommen Beton und Mauerwerk zum Einsatz. Insgesamt verbrauchen wir 180 Kilogramm Mineralien im Jahr für Gebäude und Mineraldünger. Auch hier ist der Materialumsatz direkt an den Fleischkonsum gekoppelt. Verzichten wir auf die Hälfte, sparen wir ein Viertel des Materials, verzichten wir auf alle tierischen Produkte, sparen wir die Hälfte.

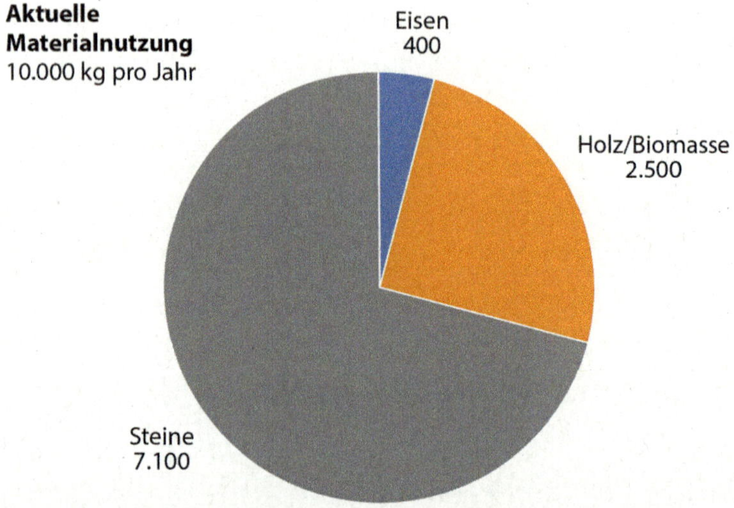

Abbildung 2d Unser aktueller jährlicher pro Kopf Umsatz der Ressource Material beträgt 10.000 Kilogramm pro Person. [Angaben in Kilogramm pro Jahr]

Stahl

Stahl wird vor allem für landwirtschaftliche Maschinen, Stallbau, Industriehallen und Produktionsmaschinen verwendet. Und auch für unseren Herd und die nagelneuen KitchenAid-Geräte. Pro Jahr verwenden wir für unsere Nahrungsgewinnung 20 Kilogramm Stahl. Da die Hälfte der Lebensmittelindustrie Fleisch verarbeitet, wäre auch hier eine Reduktion um die Hälfte möglich.

Die Umstellung von großen Landmaschinen auf kleine, autonome Geräte könnte auch zu einer Reduzierung der Materialnutzung führen. Da aber nicht sicher ist, in welchem Ausmaß diese Veränderung ist, werde ich sie hier nicht berücksichtigen.

Biomasse

Die allergrößte Materialmenge im Bereich der Nahrung ist natürlich Biomasse: Karotten, Getreide und Kartoffeln. Ein Großteil davon landet aber nicht auf unserem Teller, sondern wird an Tiere verfüttert, die dann auf unseren Tellern landen. Insgesamt geht es um 1.600 Kilogramm Biomasse im Jahr. Das ist dreimal so viel, wie wir essen. Mit dem Verzicht auf tierische Produkte könnten wir 800 Kilogramm einsparen.

Materialnutzung für unsere Ernährung

Zusammen nutzen wir aktuell 1.800 Kilogramm Material für unsere Nahrungsherstellung jedes Jahr.[36]

Unser jährlicher Material-Bedarf für Nahrung:	Summe	Steine	Eisen	Biomasse
Aktuell	1.800 kg	180 kg	20 kg	1.600 kg
Lebensfördernd	900 kg	90 kg	10 kg	800 kg

Materialeinsatz für Kleidung

Die Kleidung, die wir tragen, besteht wie unser Essen aus lebendigen, nachwachsenden Rohstoffen, vor allem aus Baumwolle, aber auch aus Leinen, Hanf, Wolle, Seide und Leder. Der größere Teil wird aber aus Erdölprodukten gefertigt, wie Polyester, Nylon, Elastan und Latex. Anteilig schlüpfen wir in ein Drittel natürliche Fasern und zwei Drittel Kunstfasern.[37]

Natürliche Fasern werden wie die Nahrung in landwirtschaftlichen Betrieben erzeugt, die Kunstfasern in Chemiefabriken. Hierzu kommen noch die Herstellung der Stoffe und die Produktion der Kleidung. Insgesamt sind das 100 Kilogramm Material im Jahr pro Person. Diese bestehen aus 50 Kilogramm Naturfasern (Biomasse), 40 Kilogramm Mineralien und 10 Kilogramm Stahl. Mineralien und Stahl werden wieder für Produktionsgebäude und -maschinen genutzt. Kunstfasern sind in der Biomasse nicht enthalten, da sie aus Erdöl hergestellt werden und deswegen bei Energie berücksichtigt sind.[38]

Ein größeres Einsparpotenzial wird hier nicht gesehen, da die Umstellung von Kunstfasern auf Naturfasern mögliche Einsparungen kompensiert.

Unser jährlicher Material-Bedarf für Kleidung:	Summe	Steine	Eisen	Biomasse
Aktuell	100 kg	40 kg	10 kg	50 kg
Lebensfördernd	100 kg	40 kg	10 kg	50 kg

Dünger, Pestizide und Chemikalien

Der landwirtschaftliche Anbau von Naturfasern erfolgt zu 99 Prozent in konventionellen Betrieben, also mit viel Einsatz von Kunstdünger und Pestiziden. Es gibt ein schönes Beispiel, dass es auch ohne geht. Das ist die *Sekem Farm* in Ägypten. Dort bauen sie seit 1977 erfolgreich ökologische Baumwolle an und verzichten dabei vollständig auf Kunstdünger und Pestizide – auf inzwischen 680 Hektar.[39]

Ein großer Anteil der Umweltbelastung entsteht aber nicht beim Anbau, sondern bei der Verarbeitung der Fasern, also der Stoffherstellung und Färbung. In der Textilindustrie werden 3.500 Chemikalien eingesetzt, darunter viele hochgiftige Substanzen.

Materialnutzung für Wohnen

In Deutschland gibt es 20 Millionen Wohngebäude. Deren Wände, Decken und Dächer bestehen zu 70 Prozent aus Mauerwerk, zu 10 Prozent aus Beton und zu 20 Prozent aus Holz. Hierzu kommen noch die Fundamente, die im Regelfall wiederum aus Beton sind. Stahl wird für die Konstruktion von Wohngebäude kaum verwendet, kommt aber als Bewehrung im Beton zum Einsatz.[40]

Der einzige wirklich umweltfreundliche Baustoff für die tragende Konstruktion ist Holz. Aber wie viel Holz wächst überhaupt in unseren Wäldern? In Deutschland gibt es 11 Millionen Hektar Wald. Aus ihnen können nachhaltig 75 Millionen Kubikmeter Holz im Jahr geerntet werden. Ein Viertel hiervon ist als Baumaterial geeignet. Damit könnte man 500.000 Wohnungen mit jeweils 50 Quadratmetern bauen, also ungefähr so viele, wie die Bundesregierung jedes Jahr bauen möchte.[41]

Jede und jeder von uns bewohnt durchschnittlich einen riesigen Materialberg. Und jedes Jahr kommt noch etwas mehr dazu. Wohnen ist mit

Abstand der materialintensivste Bedarf, den wir haben. Auf jeden Quadratmeter Wohnfläche, den wir nutzen, entfällt ein Kubikmeter Baumaterial. Bei einer 50-Quadratmeter-Wohnung sind das pro Person 50 Kubikmeter Mauerwerk, Beton, Stahl und Holz, die zusammen 100 Tonnen wiegen.[42]

Die Gebäude, die schon gebaut sind, stehen nun einmal da. Aber jedes Jahr kommen noch neue Gebäude hinzu. Pro Kopf ist das noch einmal weiteres Baumaterial im Umfang von 2.100 Kilogramm im Jahr. Davon 1.550 Kilogramm Steine, 200 Kilogramm Stahl und 350 Kilogramm Holz.[43]

Auf den Baustellen werden Unmengen von Material und Energie verbraucht und Abfälle produziert. Da stellt sich die Frage, inwiefern hier Änderungsmöglichkeiten bestehen. Tatsächlich stecken die zum einen in einer Verkleinerung des Bauvolumens, vor allem durch weniger Abriss von bestehenden Gebäuden. Und zum anderen würde sich etwas verändern durch die verstärkte Verwendung von Holz. Ein kompletter Verzicht auf Bautätigkeit ist nicht möglich, schon alleine, weil die bestehenden Gebäude regelmäßig saniert und an neue Herausforderungen angepasst werden müssen. Aber gehen wir mal von einer Halbierung der Bautätigkeit, dem konsequenten Einsatz von Holz und einer Recyclingquote von 50 Prozent aus. So könnte der Materialeinsatz sich um mehr als die Hälfte verringern.[44]

Unser jährlicher Material-Bedarf für Wohnen	Summe	Steine	Eisen	Holz
Aktuell	2.100 kg	1.550 kg	200 kg	350 kg
Lebensfördernd	800 kg	200 kg	100 kg	500 kg

Materialeinsatz für Mobilität

Die Materialumsätze für Mobilität fallen an bei Fahrbahnen und Fahrzeugen. Die Fahrbahnen bestehen bei Straßen und Landebahnen aus Schotter, Asphalt und Beton und bei Schienen aus Schotter, Stahl und Beton. Für die Fahrbahnen werden jedes Jahr 60 Millionen Tonnen Beton und Asphalt verbaut, das macht 800 Kilogramm pro Kopf im Jahr.[45]

Die Fahrzeuge bestehen aus Stahl, Aluminium, Glas, Gummi und Kunststoff. Im Durchschnitt wiegt ein Pkw 1,7 Tonnen, Tendenz steigend. Jeder Mensch in Deutschland besitzt 0,6 Autos, Tendenz steigend. Somit besitzt jede und jeder von uns im Durchschnitt 1.000 Kilogramm Auto, Tendenz steigend. Diese bestehen aus 600 Kilogramm Stahl, 100 Kilogramm Aluminium, 150 Kilogramm Kunststoffe und noch mal 150 Kilogramm aus vielen weiteren Materialien.[46]

Aber auch die anderen Fahrzeuge, die wir nutzen, sind materialintensiv. Besonders ratlos macht mich die Erkenntnis, dass Züge doppelt so viel Material je gefahrenen Personenkilometer benötigen als Autos, also 2.000 Kilogramm pro Person. Busse und Flugzeuge liegen mit 400 Kilogramm etwa gleichauf. Der Stahlverbrauch für unsere Mobilität, für Autos, Züge und Flugzeuge beträgt 200 Kilogramm im Jahr.[47]

Wie sieht es mit Einsparmöglichkeiten bei der Mobilität aus? Diese sind beträchtlich. Schon alleine das Konzept der 15-Minuten-Stadt brächte eine Halbierung der Autokilometer und damit eine Verdoppelung der Fahrzeugnutzung. Halbieren wir auch unsere Flugkilometer, halbiert sich auch hier die Materialnutzung. Ein weiteres Drittel könnte man über die Reduzierung der durchschnittlichen Fahrzeuggewichte von 1,7 auf 1,0 Tonnen einsparen. Ergänzen könnte man noch die Nutzung von Carsharing. Die würde bei flächendeckendem Einsatz zwei Drittel der Autos einsparen. Da aber die Hälfte der Bevölkerung in Deutschland auf dem Land lebt, gehe ich nur von einem Drittel Einsparung aus. Im Gegenzug würde ich die Nutzung von Bahn und Bus verdoppeln, denn irgendwie müssen wir ja auch vorwärtskommen im Leben. Das bedeutet, wir hätten eine Einsparung beim Auto von 80 Prozent, beim Flugzeug von 50 Prozent und eine Verdoppelung bei Bahn und Bus um ebenfalls 50 Prozent.[48]

Unser jährlicher Material-Bedarf für Mobilität:	**Summe**	**Steine**	**Eisen**	**Holz**
Aktuell	1.000 kg	800 kg	200 kg	-
Lebensfördernd	500 kg	400 kg	100 kg	-

Verwendung der Ressource Material

Jedes Jahr verwenden wir pro Kopf in Deutschland mehr als fünf Tonnen Material, im Wesentlichen in Form von Steinen, Stahl, Holz und Biomasse. Mit Abstand das meiste Material bewegen wir mit 2.100 Kilogramm für unsere Wohnung. In der Landwirtschaft und Lebensmittelindustrie setzen wir für unsere Nahrung mit 1.800 Kilogramm fast genauso viel um. Diese Zahl hat mich überrascht. Das bisschen, das wir jeden Tag essen, zieht so eine Materiallawine hinter sich her. Dann kommt unser Auto mit 1.000 Kilogramm hinzu. Wobei hier das meiste, nämlich über 800 Kilogramm, in der Straße verbuddelt wird. Das Auto selbst ist nur mit 200 Kilogramm dabei. Am wenigsten Material benötigen wir mit 100 Kilogramm für unsere Kleidung.

Die Einsparmöglichkeiten in diesen Bereichen sind erheblich. Sie werden vor allem durch die Verlangsamung des Materialumsatzes erreicht. Also weniger bauen, weniger Fleisch essen und weniger Auto fahren. Nutzen wir alle Möglichkeiten der Materialreduzierung, dann kommen wir mit zwei Tonnen im Jahr aus.

Ressource Grund und Boden

Als körperliche, physische Wesen brauchen wir einen Ort, an dem wir uns aufhalten. Wir können den Ort wechseln, aber wir können nicht verschwinden, solange wir lebendig sind.

Unser Aufenthaltsort befindet sich im Regelfall auf einer Fläche, der Erdoberfläche, auf die wir aufgrund der Schwerkraft immer wieder zurückgeworfen werden. Das heißt, um zu leben, brauchen wir eine Fläche, auf der wir stehen. Dazu eine Fläche, um unsere Bedürfnisse zu befriedigen. Mehr noch: Wir brauchen eine Fläche, auf der unser Gemüse wächst, unser Schaf weidet, unser Haus steht und auf der wir mit unserem Auto fahren können, und natürlich brauchen wir auch noch eine Fläche, die gerne etwas geneigt sein darf, zum Skifahren.

Je nach Nutzung gibt es unterschiedliche Anforderungen. Für unser Gemüse brauchen wir eine fruchtbare Humusschicht, für unser Haus einen tragfähigen Boden, vielleicht eine Klippe über dem Meer.

Das sind schon die zwei Hauptanforderungen, entweder fruchtbar oder tragfähig. Wichtig ist aber auch die Lage der Flächen, sowohl zueinander als auch zu anderen Flächen. Es ist sehr praktisch, wenn ich mit dem Auto bis vor meine Haustüre fahren kann, also wenn eine Straßenfläche bis an mein Grundstück grenzt, dann muss ich den Karton mit den Weinflaschen nicht so weit schleppen.

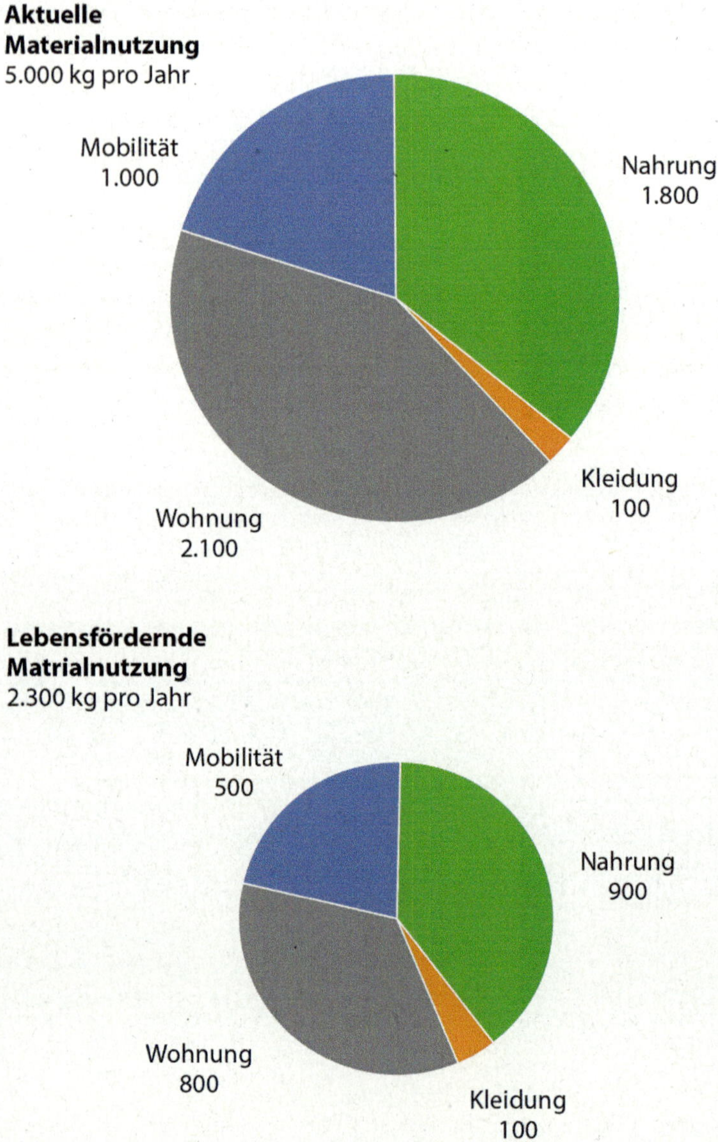

Abbildung 2e Für die Befriedigung unserer Bedürfnisse Nahrung, Kleidung, Wohnung, Mobilität nutzen wir aktuell 5.000 Kilogramm Material pro Jahr. Bei einer lebensfördernden Nutzung wären das 2.300 Kilogramm pro Jahr. [Angaben in Kilogramm pro Jahr]

Hinter dem Haus, hinter der großzügigen Rasenfläche und direkt angrenzend an meine großzügige Terrasse, auf der ich jetzt gerade die erste Flasche entkorke, könnte ich mir sehr gut ein Gewässer vorstellen, vielleicht einen kleinen, von Erlen umsäumten See, in dem man auch baden kann. Das alles kann ich mir viel besser vorstellen als einen Flughafen.

Wie viel Fläche gibt es?

Teilt man die gesamte Fläche Deutschlands durch seine Einwohnerinnen und Einwohner, kommt man auf 4.200 Quadratmeter, die jedem zur Verfügung stehen. Zur Hälfte besteht sie aus Acker und zu einem Drittel aus Wald. Mit Gebäuden sind zehn Prozent bebaut und fünf Prozent mit Straßen. Der Rest teilt sich auf in Wasser und Braunkohlewüsten.[49]

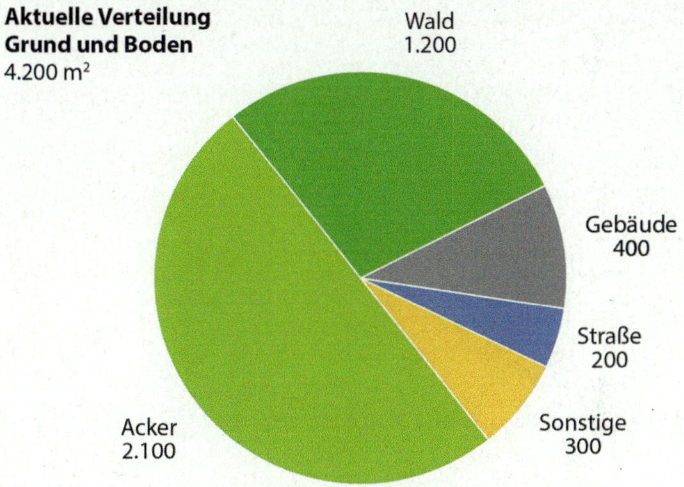

Abbildung 2f An der Ressource Grund und Boden stehen jedem Menschen in Deutschland 4.200 Quadratmeter zur Verfügung. Diese Fläche verteilt sich auf Acker, Wald, Gebäude, Straßen und Sonstiges. [Angaben in Quadratmeter]

Das Besondere an Grundstücken ist: Sie sind endlich, man kann sie nicht vergrößern. Wir können zwar unseren Nachbarn ein paar Quadratmeter wegnehmen, aber das würde das Problem nicht beheben, denn letztlich haben wir nur eine Erde, die sich alle Bewohnerinnen und Bewohner teilen.

Das heißt, jedes Fleckchen Erde können wir nur einmal nutzen, entweder für Acker, Haus, Straße oder Energie.

Flächennutzung nach Bedarf

Wir nutzen statistisch gesehen pro Person 4.200 Quadratmeter in Deutschland, aber darüber hinaus auch noch viele weitere Quadratmeter in anderen Ländern. Zum Beispiel für den Anbau von Kaffee und Baumwolle, also für Pflanzen, die hier nicht wachsen, die wir aber gerne nutzen. Ohne Kaffee geht hier ja gar nichts. Zur Fütterung unserer Schweine führen wir auch jede Menge Sojabohnen ein, und Palmöl brauchen wir für Nutella. Das sind Pflanzen, die auch hier in Europa angebaut werden, oder leicht durch andere ersetzt werden könnten, auf jeden Fall aber problematisch für die Umwelt sind. Der Regenwald in Brasilien wird gerodet, damit unsere Schweine satt werden. Es stellt sich die Frage: *Wie viel Fläche nutzen wir in anderen Ländern, und könnten wir auch mit unserer Fläche in Deutschland auskommen?*

Die Hälfte von Deutschland ist Acker. Den nutzen wir zum Anbau von Nahrung und zur Energiegewinnung mit Energiepflanzen, Solaranlagen und Windrädern. Ein Viertel von Deutschland ist Wald. Den nutzen wir ebenfalls zur Energiegewinnung, von Brennholz, und zur Materialgewinnung, von Bauholz. Pflanzen für Kleidung werden in Deutschland so gut wie nicht angebaut. Die restliche Fläche teilen sich Wohnen, Mobilität und Freizeit.[50]

Die Fläche, die uns hier in Deutschland zur Verfügung steht, reicht für unsere Nutzung nicht aus. Wir finden es traurig, dass in Brasilien so viel Regenwald plattgemacht wird, ist ja auch irgendwie schlecht fürs Klima. Wie gesagt, er wird abgeholzt, damit dort Sojabohnen angebaut werden können, die wir an unsere Schweine verfüttern. Oder denken wir kurz mal an unsere Kleidung. Ich habe in Deutschland noch nie eine Baumwollplantage gesehen. Insgesamt nutzen wir im Ausland noch einmal fast so viel Acker wie uns hier zur Verfügung steht.[51]

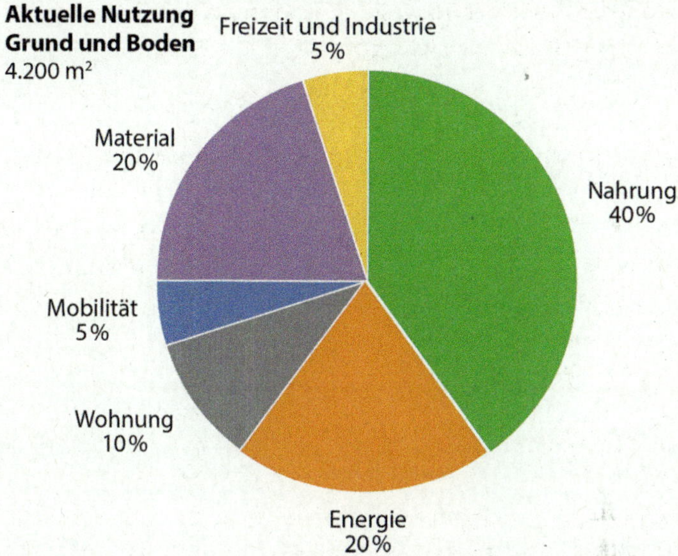

Abbildung 2g Wir nutzen die uns zur Verfügung stehende Ressource Grund und Boden von 4.200 Quadratmetern zur Befriedigung unserer Bedürfnisse Nahrung, Wohnen und Mobilität sowie zur Gewinnung der hierfür notwendigen Ressourcen. [Angaben in Prozent]

Bioacker

Aktuell werden die Ackerflächen in Deutschland zu zehn Prozent ökologisch und zu 90 Prozent konventionell bewirtschaftet. Der Flächenzuwachs an Ökolandflächen beträgt ein halbes Prozent im Jahr. Wenn wir so weitermachen, dann brauchen wir noch 225 Jahre, bis alle Böden umgestellt sind.[52] In diesem Zeitraum sterben, wenn alles so weiterläuft wie jetzt, weiterhin jeden Tag 150 Pflanzen- und Tierarten aus. Das wären dann zwölf Millionen Arten. Das erste Problem: Es gibt nur neun Millionen. Das zweite Problem: Wir wissen nicht, an welcher Stelle wir Menschen stehen.[53]

Flächennutzung für Nahrung

Für jede von uns stehen in Deutschland 2.100 Quadratmeter an landwirtschaftlicher Fläche zur Verfügung. Diese Fläche ist auch ausreichend, solange wir nicht zu viel Fleisch essen. Um jeden Tag 2.000 Kilokalorien zu vernaschen, würde sogar die Hälfte der Fläche ausreichen, solange wir uns nur von leckeren Pflanzen ernähren würden (würden wir ausschließlich Rindfleisch essen, bräuchten wir 5.000 Quadratmeter). Da wir nach wie vor und gerne viel Fleisch essen, aktuell 50 Kilogramm im Jahr, wird die Fläche jedoch knapp. Warum wir nicht verhungern? Weil wir, wie schon erwähnt, die bei uns fehlenden Flächen einfach in andere Länder auslagern. Diese nutzen wir vor allem für unsere Fleischproduktion, aber auch für Kaffee, Tee, Kakao und Bananen.[54] Wir könnten uns sehr gut von unserem eigenen Acker ernähren, wenn wir nur noch so viel Fleisch essen würden, wie gesund wäre, das sind ½ Kilogramm Fleisch in der Woche, also die Hälfte der aktuellen Menge, und solange der Acker für Lebensmittel zur Verfügung steht und nicht für anderes genutzt wird, wie Energiepflanzen oder Solaranlagen.[55]

Eine Fleischkalorie benötigt siebenmal mehr Ackerfläche als eine pflanzliche Kalorie. Die Erde könnte durch die Umstellung des Speiseplans deutlich mehr Menschen mit Nahrung versorgen. Bei einer rein pflanzlichen Ernährung wäre eine landwirtschaftliche Fläche von 1.000 Quadratmeter für jeden Menschen ausreichend. So könnte unsere Erde 15 Milliarden Menschen ernähren. Ob Menschen hungern oder nicht, ist also eine Frage der gerechten Verteilung der Lebensmittel, des Fleischkonsums und wie viel von der landwirtschaftlichen Fläche wir für Energiegewinnung verwenden.[56]

Unser aktueller Bedarf an Fläche für unsere Nahrungsmittel beträgt 2.300 Quadratmeter. Diese Fläche verringert sich, wenn wir die Ernährungsempfehlungen der Bundesregierung befolgen, also den Fleischkonsum halbieren, auf 1.800 Quadratmeter. Verzichten wir vollständig auf Fleischkonsum, kommen wir mit 1.300 Quadratmetern aus, und bei einer veganen Ernährung mit 1.000 Quadratmetern.[57] Bis auf Kaffee, Bananen und Nutella könnte so alle Nahrung in Deutschland hergestellt werden.

Mal abgesehen vom Fleischkonsum steht die vorhandene Ackerfläche aber nur teilweise zum Anbau von Lebensmitteln zur Verfügung. Aktuell werden auf 400 Quadratmetern Energiepflanzen, Solaranlagen und Windräder angebaut.

Unser Flächen-Bedarf für Nahrung	Summe	vorhanden	nutzbar
Aktuell	2.300 m^2	2.100 m^2	1.700 m^2
Lebensfördernd	1.800 m^2	2.100 m^2	1.700 m^2

Flächennutzung für Kleidung

Der Flächenbedarf setzt sich zusammen aus den Anbauflächen der nachwachsenden Rohstoffe. Aktuell besteht unsere Kleidung zu einem Drittel aus Naturfasern. Diese wachsen auf 2,5 Prozent der weltweiten Ackerflächen.[58] Wir benötigen für unseren aktuellen Kleiderverbrauch 400 Quadratmeter.

Für die Produktion von Wolle wird keine Fläche benötigt, da Wolle ein Abfallprodukt der Fleischerzeugung ist. Der Anteil von Wolle an allen Textilfasern beträgt ein Prozent.[59]

Das Verhältnis des Flächenbedarfs von Kleidung zu Lebensmitteln ist sehr gering, da wir ja auch nur so viel Biomasse im Jahr für Kleidung benötigen, wie wir in einer Woche essen. Jedoch befindet sich diese Fläche nicht in Europa, sondern vor allem in China, Indien und in den USA. In vielen Ländern steht der Baumwollanbau in direkter Flächenkonkurrenz zur Lebensmittelproduktion.

Unser Flächen-Bedarf für Kleidung	
Aktuell	400 m^2
Lebensfördernd	400 m^2

Flächennutzung Wohnen

Die aktuell vorhandene Siedlungsfläche beträgt 400 Quadratmeter für jeden. Hiervon können wir 270 Quadratmeter zum Wohnen nutzen, die restlichen 130 Quadratmeter teilen sich Gewerbe und Tennisplätze. Mit den 270 Quadratmetern für Wohnen kommen wir aber nur aus, wenn wir in Mehrfamilienhäusern leben. Einfamilienhäuser verbrauchen wesentlich mehr Fläche pro Quadratmeter Wohnfläche, damit die Kinder auch im Garten Fußball spielen können und Mutti den Einkauf mit dem SUV direkt vor die Küchentüre fahren kann. Der Straßenanteil ist bei Eigenheimen 15-mal so groß wie bei einer dichten Bebauung. Je kleiner das Gebäude, desto mehr Fläche wird benötigt. Das heißt, entweder wir bauen keine neuen Häuschen mehr, oder wir vergrößern den Anteil der Siedlungsfläche auf Kosten von Acker und Wald.[60]

Jedes Jahr werden Ackerflächen in Siedlungsflächen umgewandelt. Das sind 55 Hektar täglich, oder 20.000 Hektar im Jahr. Dieser Flächenverbrauch ist nicht nachhaltig, die Versiegelung von Flächen zerstört Leben. Und vor allem ist der Flächenverbrauch auch nicht notwendig. Jedenfalls nicht, solange nicht alle Menschen in einem eigenen Häuschen wohnen wollen. Dann allerdings wäre ein Drittel des Grunds und Bodens in Deutschland zugebaut. Würden dagegen alle in Mehrfamilienhäuser ziehen, könnten zwei Drittel der aktuellen Siedlungsgebiete wieder zu Acker werden. Der entscheidende Faktor bei der Flächennutzung ist, wie wir gesehen haben, die Dichte der Bebauung. Der Neubau von Wohnungen ist nicht nachhaltig, außer es werden Bestandgebäude aufgestockt, Baulücken geschlossen oder die Bebauung verdichtet. Die Bundesregierung hat eine Reduzierung der Versiegelung auf nur noch 30 Hektar pro Tag bis 2030 beschlossen. Und bis 2050 soll überhaupt keine Fläche mehr neu versiegelt werden. Also ist mein Vorschlag: Belassen wir es bei den versiegelten Flächen, die wir haben. Das muss nicht weniger werden, aber auch nicht mehr.[61]

Unser Flächen-Bedarf für Wohnen	
Aktuell	400 m²
Lebensfördernd	400 m²

Flächennutzung für Mobilität

Auch bei den Verkehrsflächen sieht es ähnlich aus. Acker oder Autobahn, das ist hier die Frage. Schon jetzt hat jede in Deutschland 200 Quadratmeter Straße, das sind fünf Prozent der Gesamtfläche. Vielleicht ist das ja genug.

Der Flächenbedarf für die Mobilität entsteht aus Fahrwegen und Stellflächen. Bis auf Züge benutzen alle anderen Verkehrsteilnehmer Straßen, jedoch in unterschiedlicher Intensität. Und immer noch werden jedes Jahr neue Straßen gebaut, die Straßenfläche wächst pro Jahr um 2.200 Hektar. Das ist im Vergleich mit der Siedlungsfläche nicht sehr viel, aber bei einer endlichen Ressource muss jeder Quadratmeter, der asphaltiert wird, woanders weggenommen werden. Der Straßenraum wird zu 80 Prozent von privaten Autos genutzt. Die restlichen 20 Prozent teilen sich Fahrräder, Uber und Amazon. Auch hier finde ich, müssen es weder mehr noch weniger werden. Über die Aufteilung der Straßenflächen könnte man aber auf jeden Fall noch diskutieren.[62]

Unser Flächen-Bedarf für Mobilität	
Aktuell	200 m^2
Lebensfördernd	200 m^2

Flächennutzung für Energie

Die Ressourcen stehen nicht vollständig für die direkte Nutzung zur Verfügung. Sie bedingen sich auch gegenseitig. Zur Energieerzeugung werden Flächen benötigt, die in direkter Konkurrenz zu unseren Grundbedürfnissen stehen.

Für die Energieproduktion nutzen wir aktuell 800 Quadratmeter, je zur Hälfte im Wald und auf dem Acker. Auf dem Acker werden Energiepflanzen angebaut, also Mais für Biogasanlagen. Diese haben eine Energiedichte von 5 Kilowattstunden pro Quadratmeter. Würden wir die gesamte vorhandene Ackerfläche mit Energiepflanzen bebauen, könnten wir lediglich ein Viertel des aktuellen Energiebedarfs decken. Das wäre zu wenig, und zu essen hätten wir dann auch nichts.

Die Energiedichte von Windrädern und Solaranlagen ist 40-mal höher als von Energiepflanzen. Würden wir alle unsere Energie mit Sonne und Wind produzieren, bräuchten wir, beim aktuellen Verbrauch von 24.000 Kilowattstunden, eine Fläche von lediglich 120 Quadratmetern. Unter Ausnutzung aller oben vorgeschlagenen Einsparmöglichkeiten kämen wir sogar mit 40 Quadratmetern aus. Das ist ziemlich genau die aktuell installierte Leistung für Wind und Sonne.[63]

Am Ende des Tages müssten ein bis drei Prozent der Gesamtfläche Deutschlands für die Energiegewinnung genutzt werden. Es gibt inzwischen auch Überlegungen, Solaranlagen und Windräder auf die gleiche Fläche zu stellen, dann bräuchte man nur die Hälfte der Fläche, also 20 Quadratmeter. Oder man kombiniert Ackernutzung mit Solaranlagen. Und vielleicht könnte man auch noch Windräder dazu packen. Was hier noch gar nicht berücksichtigt ist, sind die Effizienzgewinne der technischen Entwicklung auf allen Gebieten, einerseits sparsamere Anwendungen und andererseits höhere Wirkungsgrade. Dadurch könnte sich die Fläche noch einmal halbieren auf rund 10 Quadratmeter. In der Schweiz habe ich Solaranlagen über der Autobahn gesehen, das finde ich auch eine sehr gute Idee.[64]

Es muss kein einziger Quadratmeter Acker mehr mit einer Solaranlage oder mit einem Windrad bebaut werden. Ein größeres Problem ist jedoch die Speicherung der Energie. Die Sonne scheint ja nun mal vor allem im Sommer. Die meiste Energie brauchen wir aber im Winter.

Wir müssen nicht lange drumherum zu reden, das größte Potenzial für die Klimarettung hat mit Abstand die Energieeinsparung.

Unser Flächen-Bedarf für die Energiegewinnung	
Aktuell	800 m^2
Lebensfördernd	40 m^2

Flächennutzung für Materialgewinnung

Für die Gewinnung von Material aus nachwachsenden Rohstoffen, insbesondere für den Baubereich wie Holz und Wärmedämmung, nutzen wir Wald- und Ackerflächen. Mineralien holen wir uns aus Steinbrüchen und Kiesgruben. Insgesamt werden 20 Prozent unserer Fläche für die Materialgewinnung genutzt. Das meiste davon sind Waldflächen. Eine Verkleinerung der Fläche ist nicht sinnvoll, da wir Wald erhalten und viel Holz ernten wollen.

Unser Flächen-Bedarf für die Materialgewinnung	
Aktuell	800 m^2
Lebensfördernd	800 m^2

Verwendung der Ressource Grund und Boden

Persönlich nutzen wir aktuell zur Befriedigung unserer Grundbedürfnisse 3.300 Quadratmeter. Hierzu kommen noch jeweils 800 Quadratmeter für Energie- und Materialgewinnung und 300 Quadratmeter für alles andere, wie Freizeit und Industrieanlagen. Insgesamt sind das 5.200 Quadratmeter, 1.000 Quadratmeter mehr als wir hier in Deutschland haben. Diese Fläche haben wir ins Ausland ausgelagert, davon 600 Quadratmeter für unsere Nahrung und 400 Quadratmeter für unsere Kleidung. Entscheidend ist die landwirtschaftliche Fläche, so lange wir nicht anfangen den Wald abzuholzen, was wir nicht wollen. Denn Siedlungs- und Verkehrsflächen können wir kaum verändern und die Baumwolle für unsere Kleidung wächst hier nicht, zumindest noch nicht. Es gibt zwei Gründe, warum wir nicht mit unserer Ackerfläche auskommen, der erste ist, wie oben schon beschrieben, unser Fleischkonsum, der zweite Grund ist der Anbau von Energiepflanzen auf dem Acker. Sobald wir das Schnitzel halbieren und Energiepflanzen auf dem Acker verbieten haben wir es geschafft. Zur Befriedigung unserer Grundbedürfnisse benötigen wir aktuell 2.300 Quadratmetern für Nahrung, 400 Quadratmeter jeweils für Kleidung und Wohnen und 200 Quadratmeter für Mobilität.

Ressource Arbeit

All unseren Reichtum erschaffen wir mit unserer Hände Arbeit, ob Straßen, Häuser oder Windräder. Hierfür wird Material gewonnen, transportiert und bearbeitet. Und diese Arbeit können nur wir Menschen selber leisten, wer denn sonst? Auch wenn wir uns Werkzeuge basteln oder Tiere einspannen, dann besteht die Arbeit eben aus der Betreuung der Werkzeuge und der Tiere.

Wie viel Arbeit steht zur Verfügung?

Wir alle zusammen hier in Deutschland arbeiten 50 Milliarden Stunden im Jahr. Umgerechnet auf alle Einwohnerinnen und Einwohner sind das 1.330 Stunden jährlich, oder, bei fünf wöchentlichen Arbeitstagen, 2 ½ Stunden täglich. Da aber die Hälfte der Menschen nicht arbeitet, weil sie zu klein, zu alt, zu krank oder zu arbeitslos sind, entspricht das fünf Stunden am Tag.

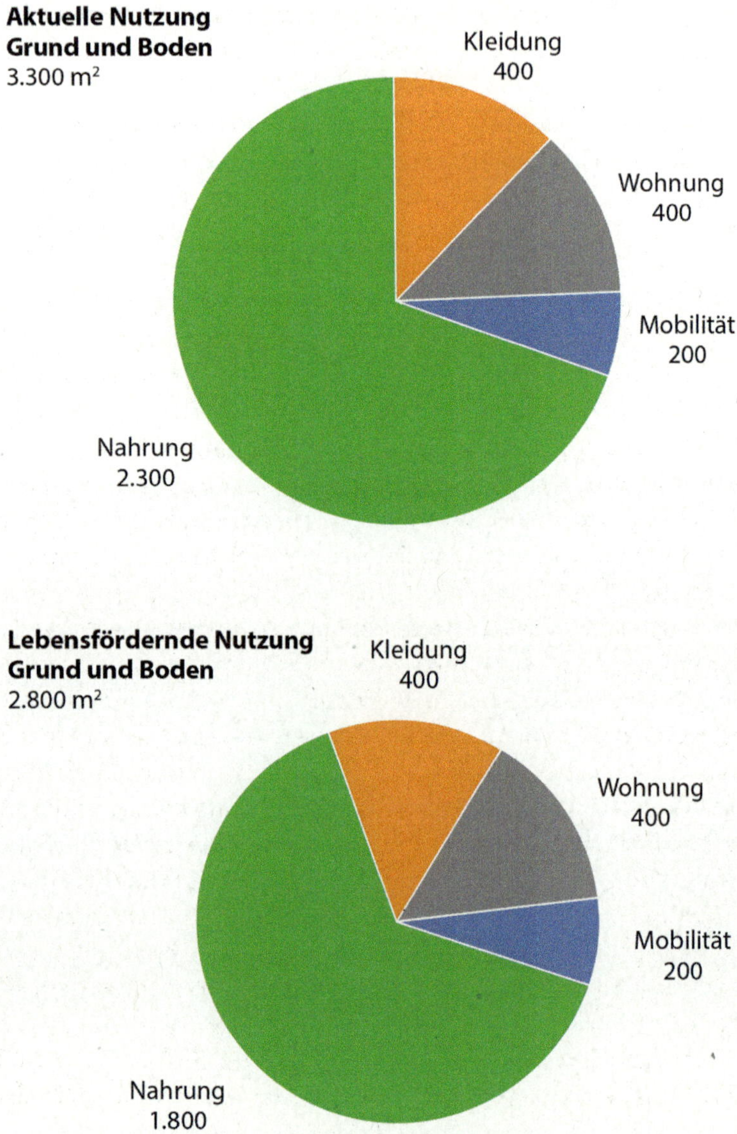

Abbildung 2h Aktuelle (3.300 Quadratmeter) und lebensfördernde (2.800 Quadratmeter) Nutzung der Ressource Grund und Boden für die Befriedigung unserer Bedürfnisse Nahrung, Kleidung, Wohnen und Mobilität. [Angaben in Quadratmeter]

Das bedeutet, um unseren aktuellen Lebensstandard zu halten, wäre eine 25-Stunden-Woche ausreichend. Ziehen wir noch 40 Arbeitstage für Urlaub und Krankheit ab, dann sind wir bei einer 30-Stunden-Woche.[65] Im Vergleich zu anderen Ländern ist das sehr wenig. In Mexiko arbeiten sie mit 2.100 Stunden im Jahr fast doppelt so viel, Griechinnen und US-Amerikaner arbeiten jeweils 1.750 Stunden. Und dennoch reichen uns die 30 Stunden, um nach den USA und China das drittgrößte Wirtschaftsland der Welt zu sein.[66]

Wofür verwenden wir die Arbeit?

Wir schneiden uns gegenseitig die Haare![67] Immer mehr Menschen arbeiten im Dienstleistungsbereich. Aktuell sind es 75 Prozent. Hierzu zählen auch die öffentliche Verwaltung, Bildung und das Gesundheitswesen. Nur ein Viertel bearbeitet mit seinen Händen Material und produziert Nahrung, Kleidung, Wohnungen, Autos und vieles andere. Im Gewerbe sind das 24 Prozent und in der Landwirtschaft nur noch ein Prozent der Bevölkerung.[68]

Nur ein Bruchteil der aufgewendeten Arbeit verwenden wir zur Befriedigung unserer materiellen Grundbedürfnisse. Für die Herstellung unserer Nahrung arbeiten zwölf Prozent der Erwerbstätigen, davon ein Prozent Landwirte, der Rest in der Lebensmittelwirtschaft. In der Kleidungsindustrie arbeiten in Deutschland nur ein Prozent. Die Fasern für die Stoffe unserer Kleidung wachsen im Ausland, und die Fabriken, die daraus Stoffe weben und Kleider nähen, befinden sich auch zum größten Teil nicht mehr im Land. Anders sieht es in der Bauindustrie aus. Bautätigkeit können wir nicht ins Ausland verlagern, und neben den Baufirmen gibt es auch eine starke heimische Baustoffproduktion. Insgesamt sind auf dem Bau sechs Prozent beschäftigt. Und ebenfalls sechs Prozent der arbeitenden Bevölkerung basteln an Autos. Insgesamt arbeiten wir 7,5 Stunden in der Woche für Nahrung, Kleidung, Wohnen und Mobilität. Den Rest des Tages schneiden wir uns die Haare oder füllen Formulare fürs Finanzamt aus.[69]

Ziehen wir jetzt noch die wegfallenden Arbeitsplätze ab, in der Fleischherstellung, der Autoindustrie und auf dem Bau, dann bleiben uns noch fünf Stunden in der Woche die wir für unsere Grundbedürfnisse arbeiten.

Und auch bei den *Dienstleistungen* können wir kürzen. Denn nicht alles sind sinnvolle und notwendige Tätigkeiten, wie Lehrerin, Erzieher, Zahnärztin oder Müllmann, sondern viele Jobs sind einfach überflüssig. Wie das David Graeber sehr anschaulich in seinem Buch mit dem aussagekräftigen Titel *Bullshit Jobs* ausführt. Streichen wir auch hier großzügig ein Drittel, dann bleiben uns noch 20 Stunden die wir durchschnittlich arbeiten müssten um unseren Lebensstandard zu erhalten.[70]

Unsere wöchentlichen Arbeitsstunden	Gesamt	Grundbedürfnisse	Dienstleistungen
Aktuell	30 h	7,5 h	22,5 h
Lebensfördernd	20 h	5 h	15 h

Das ist aber nur die halbe Wahrheit. Was bis jetzt unter den Tisch gefallen ist, sind all die fleißigen Baumwollpflückerinnen, Kaffeebauern und Arbeiterinnen in VW-Werken rund um den Globus. Laut Evi Hartmann hält jeder von uns 60 *Sklaven* im Ausland. Das klingt erst einmal schockierend. Aber die arbeiten natürlich nicht rund um die Uhr nur für uns, das hieße nämlich, dass fünf Milliarden Menschen, die Hälfte der Weltbevölkerung, versklavt wären. Es bedeutet aber immerhin, dass es nicht egal ist, wer wann was und unter welchen Bedingungen für uns macht. Wir sind verantwortlich für unser eigenes Handeln und damit auch für unser Wirtschaften und damit auch für unsere Produzentinnen und Produzenten. Kaufen wir beim Sklavenhalter oder nicht?[71]

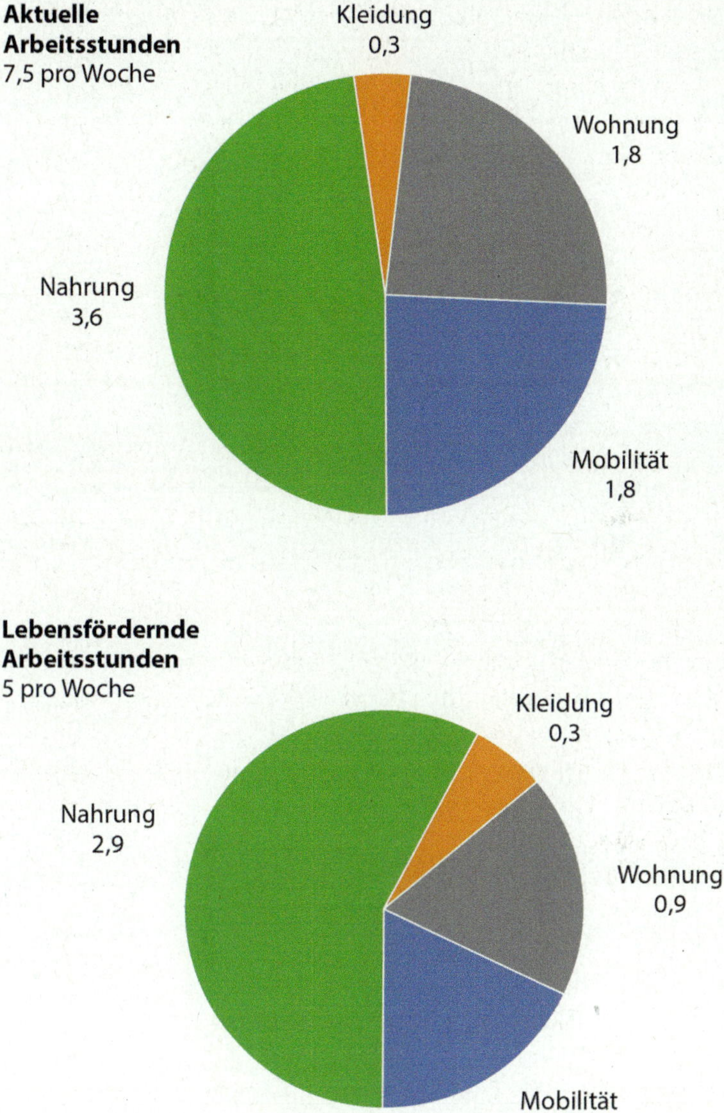

Abbildung 2i Verteilung der Arbeitsstunden die wir durchschnittliche zur Befriedigung unserer Grundbedürfnisse Nahrung, Kleidung, Wohnung, Mobilität benötigen. Aktuell: 7,5 pro Woche, lebensfördernd: 5 pro Woche. [Angaben in Stunden pro Woche]

Verteilung der Ressourcen auf unseren Grundbedarf

Abschließend möchte ich die Verteilung der Ressourcen Energie, Material, Grund und Boden sowie Arbeit auf die Grundbedürfnisse Nahrung, Kleidung, Wohnung und Mobilität darstellen, und zwar sowohl im aktuellen als auch im lebensfördernden Zustand.

Energie	Material	Grund und Boden	Arbeit
20.000 kWh/Jahr	5.000 kg/Jahr	3.300 m^2	7,5 h
100 %	100 %	100 %	100 %

Aktuelle Nutzung der Ressourcen für den Grundbedarf [Angaben in Prozent]

Energie	Material	Grund und Boden	Arbeit
8.000 kWh/Jahr	2.300 kg/Jahr	2.800 m^2	5 h
40 %	46 %	85 %	67 %

Lebensfördernde Nutzung der Ressourcen für den Grundbedarf [Angaben in Prozent]

Wie wir die *Natur* retten

Ein gutes Leben in und mit der Natur ist auch zum Wohle der Menschen, Pflanzen und Tiere möglich. Hierfür müssen wir weder das Rad neu erfinden noch Raketenwissenschaften studieren. Wir wissen, was zu tun ist, und wir können es auch umsetzen. Wir könnten es besser machen, wenn wir wollten. Dafür müssten wir ein paar liebgewonnene Gewohnheiten loslassen und überholte Überzeugungen über Bord werfen. Das ist wohl das Schwierigste an der Rettung der Welt, Gewohntes infrage zu stellen. Wenn wir verstehen, was alles besser wird und was wir bei diesem Prozess gewinnen, fällt es uns leichter, aktiv zu werden. Die Rettung der *Natur* ist keine Geschichte von Armut und Verzicht, von kleinen, kalten, einsamen Wohnungen und trockenem Brot bei Kerzenschein, wie uns manche Menschen weismachen wollen. Durch den Schutz und die Pflege der Natur wird unser Leben besser, viel besser. Wir verlieren nicht an Leben, wir gewinnen mehr.

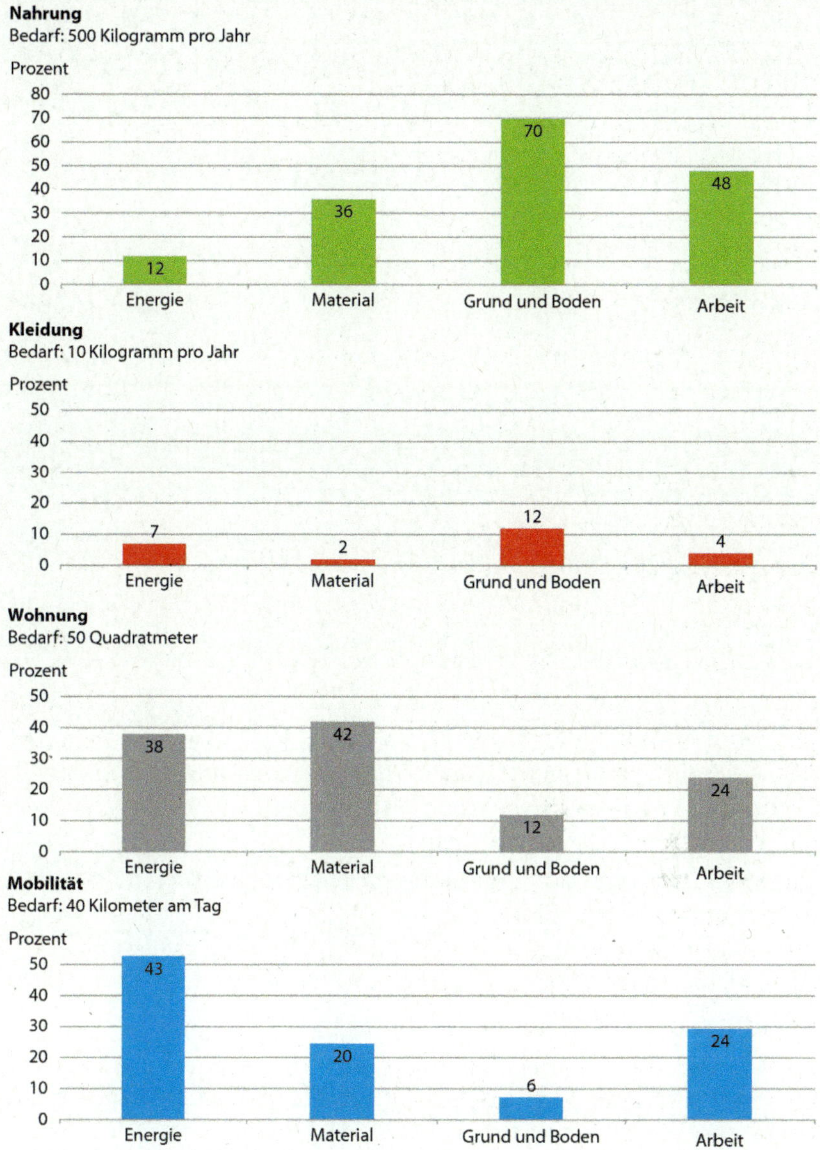

Abbildung 2j Aktuelle Verteilung der Ressourcen Energie, Material, Grund und Boden und Arbeit auf die Bedürfnisse Nahrung, Kleidung, Wohnen und Mobilität. [Angaben in Prozent]

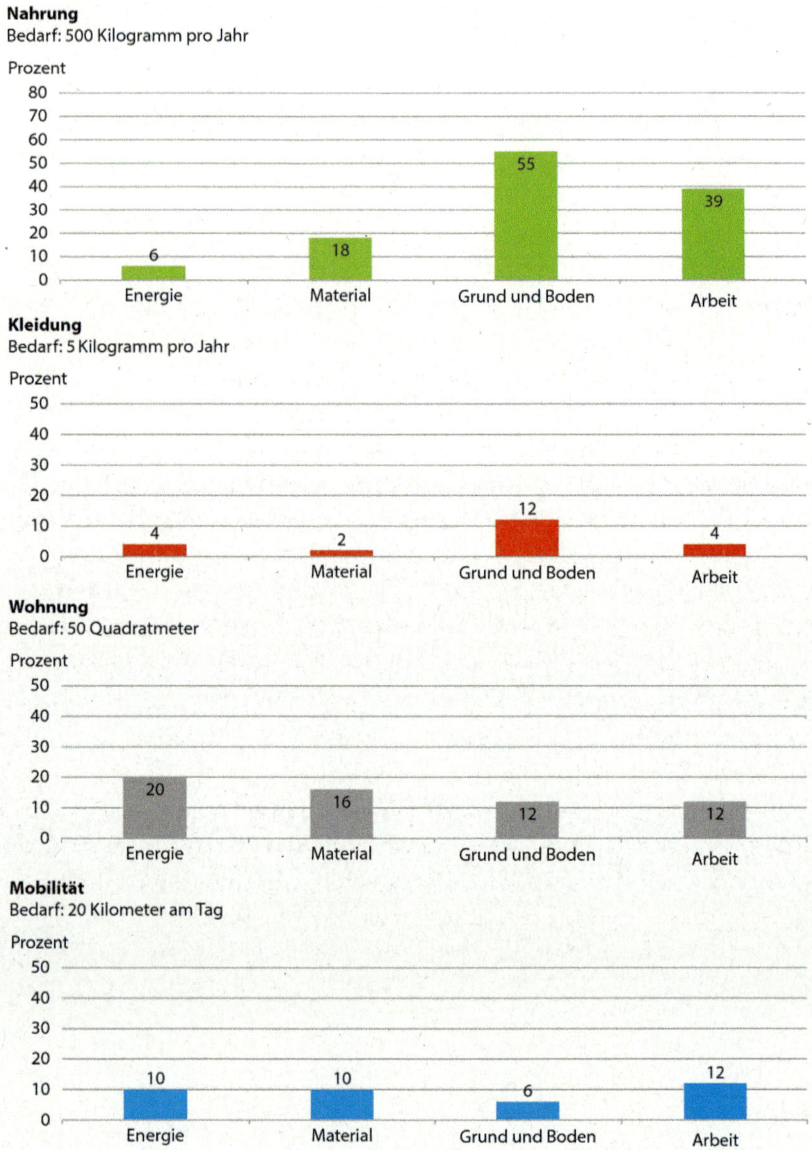

Abbildung 2k Lebensfördernde Verteilung der Ressourcen Energie, Material, Grund und Boden und Arbeit auf die Bedürfnisse Nahrung, Kleidung, Wohnen und Mobilität. Bei der Darstellung wurde die Reduzierung der Ressourcen-Nutzung berücksichtigt. [Angaben in Prozent]

Worauf wir ab sofort verzichten

Um es mal ganz offen und ehrlich auszusprechen: Ganz ohne Verzicht werden wir die Welt nicht retten, aber das ist eine gute Nachricht. Denn alles, worauf wir verzichten, sind die Dinge, die der Natur und damit auch uns schaden: Lärm, Dreck, Gestank, lange Wege, Stau, Stress, Vergiftung, Zerstörung und Plünderung.

Was wird besser?

So ziemlich alles wird besser. Gehen wir pfleglich mit der Natur um, gehen wir auch pfleglich mit uns selber um. Wir werden gesünder, stärker, fröhlicher oder, um es mit einem Wort zu sagen: lebendiger. Verabschieden wir uns von der autogerechten Stadt und unterwerfen wir uns nicht länger der Logik des Verbrennungsmotors, transportieren wir nicht mehr jeden Tag alle Menschen 40 Kilometer zu überfüllten Shoppingcentern am Stadtrand, sondern bringen wir die Versorgung wieder zu den Menschen, nicht nur in der Stadt, sondern vor allem auch auf dem Land. Dorfläden, Dorfschulen, Dorfkitas und Arbeitsplätze vor Ort lassen die Weglängen schrumpfen. Werden die Wege kürzer, haben wir mehr Zeit, die wir nicht auf der Straße alleine im Stau verbringen, sondern mit Freunden und Freundinnen und einem Kaffee in der Sonne, wir bewegen uns mehr, sind gesünder und entspannter und erfreuen uns an einer sauberen, artenreichen Natur und an einem stabilen Klima.

Um all das zu erreichen, müssen wir weder unser Auto verkaufen noch auf Urlaub verzichten, wir müssen uns nur konsequent an ein paar einfache Regeln halten, einen liebevollen Umgang mit der Natur, einen bewussten Umgang mit Energie und einen konsequenten Schutz des Lebens.

Kapitel 3

STRUKTUR

Alles wirkliche Leben ist Begegnung![1]

Soziales Leben

Jugendliche träumen hin und wieder von einem Leben auf einer einsamen Insel: den ganzen Tag machen, was man möchte, keine Lehrkräfte, keine Eltern und auch der oder die Ex kann einen mal. Das mag für ein paar Stunden lustig sein, aber ziemlich schnell wird es langweilig, und nach ein paar Tagen zum Albtraum. Menschen brauchen andere Menschen, um sie zu lieben, zu hassen, zum Reden und Spielen, Tanzen, Trösten und Kaffeekochen. Wir brauchen andere Menschen, um sie zu berühren und um von ihnen berührt zu werden.

Der Corona-Lockdown hat uns schmerzlich vor Augen geführt, wie sehr wir uns nach anderen Menschen sehnen, wie sehr wir andere Menschen brauchen. Eine Onlinevorlesung ist keine Präsenzveranstaltung. Meiner persönlichen Erfahrung nach lernen und verstehen Studierende vor dem Bildschirm ein Drittel weniger als in einem Klassenzimmer.

Aber auch über den persönlichen Kontakt hinaus sind wir in ein soziales Netzwerk eingebunden. Das merken wir vor allem dann, wenn das Netz mal eine Laufmasche bekommt: Wenn der Zug nicht pünktlich kommt, die Regale bei Rewe leer sind oder an der Tür meiner Lieblingskneipe ein Schild mit meinem Foto hängt und darunter steht: *Ich muss leider draußen bleiben.*

Soziales Leben ist zwischenmenschlicher Kontakt. Der Austausch von Mensch zu Mensch. Und dieser Austausch beruht immer auf einem konkreten physischen Kontakt. Auch wenn wir Hilfsmittel hinzuziehen, funktioniert der Austausch nur, wenn wir und unser Gegenüber etwas Materie in der Hand halten, oft in Form eines Telefons. Kontakte können spontan sein, wie in der U-Bahn, oder formal, wie vor dem Strafrichter. Aber es funktioniert nur, wenn wir in Kontakt miteinander kommen, also eine gemeinsame

Sprache haben, ein Blick, ein Lächeln, einen Handschlag. Ein Teil der gemeinsamen Sprache sind Verabredungen, Regeln, Ordnungen und Gesetze. Eine rote Ampel erspart uns eine ausgiebige Diskussion darüber, wer jetzt was will und wer es zuerst darf.

Und wie beim biologischen Leben gibt es auch im sozialen ein *rechtes Maß*, zu wenige Kontakte machen unglücklich, zu viele aber auch.[2] Entscheidend sind nicht nur Anzahl und Intensität, sondern ist auch die Qualität der sozialen Interaktionen. Einmal im Hinblick auf die direkte Kontaktqualität, denn es ist ein Unterschied, ob mich mein Chef mit wütendem Gesicht und dem Spruch: *Wird auch Zeit!* begrüßt oder mit einem freundlichen Lächeln und den Worten: *Schön, dass du da bist!* Auch in der Frage der Gleichheit liegt ein Qualitätsmoment. Wieso bekommt Anna doppelt so viel Taschengeld wie Max? Auch hier, bei der Ungleichheit, geht es um das *rechte Maß*. Alles genau gleich, also alle die gleiche Frisur, ist genauso problematisch, wie wenn einem Menschen eine Billion Dollar gehören – was voraussichtlich in den nächsten zwei Jahren der Fall sein wird.

Das ist schon auf der materiellen Ebene extrem ungleich, aber vor allem steckt darin auch ein extremes Machtungleichgewicht. Mit einer Billion Dollar könnten alle Kinder dieser Welt vorm Verhungern bewahrt werden.[3]

Soziales Leben gedeiht, wenn das *rechte Maß* angestrebt wird, das gilt für zwischenmenschliche Interaktionen wie auch bei Eigentum und Macht. Wie wir mit uns und der ganzen Welt umgehen, wird wesentlich von dem Bild bestimmt, das wir von uns als Mensch und der Position des Menschen in dieser Welt haben.

Sind menschliche Körper integraler Bestandteil der Biosphäre und aus dieser auch nicht herauszulösen, so sieht das in der sozialen Welt anders aus. Die Menschen sind auf der sozialen Ebene voneinander abhängig, aber nicht mehr direkt von der physischen Welt. Vielleicht könnte man sagen, alle Menschen schwimmen zusammen in einem sozialen Teich. Und um im Bilde zu bleiben: Wenn einer eine Welle macht, dann betrifft das alle.

Der Zugang zur sozialen Welt ist exklusiv. Hier sind die Menschen unter sich.

Die soziale Welt ist eingebettet in die physische Welt. So dienen viele soziale Interaktionen der Befriedigung körperlicher Grundbedürfnisse, etwa das gemeinsame Apfelkuchenessen am Sonntag bei Oma. Aber auch Ordnungen und Gesetze, wie zum Beispiel die Verkehrsordnung, beziehen sich auf ganz konkrete physische Interaktionen. Und sogar die abstrakten Regelungen, wie das Eigentumsrecht, beziehen sich auf ganz reale physische Objekte: mein Haus, mein Auto, mein Acker.[4]

Spannend wird es bei geistigem Eigentum. Also zum Beispiel bei diesem Buch. Ist das jetzt mein oder Ihr Buch? Gedanken lassen sich nicht schützen, zumindest nicht, wenn man sie mit jemandem teilen möchte. Denn sobald Sie diese Zeilen lesen und auch verstehen, haben Sie die Gedanken selber gebildet und damit zu Ihren eigenen gemacht. Schützbar ist also nur der Vertrieb dieser 300 Gramm Papier.

Was ich damit sagen will: Soziale Interaktionen stehen grundsätzlich immer auf einem physischen Boden. Ohne Biosphäre sind soziale Interaktionen nicht denkbar, die Biosphäre dagegen überlebt sehr gut ohne die Regeln der Umsatzsteuergesetzgebung.

Jeder menschliche Kontakt ist eine soziale Interaktion. Deswegen ist es auch so wichtig, die Spielregeln zu kennen und diese Spielregeln laufend neu auszuhandeln. Die soziale Struktur unterliegt keinen Naturgesetzen, sie unterliegt ausschließlich sozialen Gesetzen, die wir Menschen uns gegeben haben, etwa mit der Prämisse der Gleichheit und der Unantastbarkeit der Würde.

Indem wir den anderen Menschen als gleich betrachten, einfach weil er ein Mensch ist, und seine Würde respektieren, ist es möglich, Regeln, Vereinbarungen und Gesetze zu erlassen und zu befolgen.

Die Kunst besteht darin, allgemeingültige bzw. für die adressierte Gruppe gültige und ausgewogene Gesetze auszuhandeln. Die soziale Struktur ist die Welt von Ordnung, Recht und Politik. Sie steht auf dem Fundament von Teilhabe und sozialer Integration. Aber auch Sprache, Zeichen und Konventionen sind hier angesiedelt. Die *Struktur* entsteht und besteht aus Kommunikation.

In der sozialen Welt ist Geld eine Vereinbarung oder ein Vertrag. Es wird nicht gegen Waren, sondern gegen Schulden oder Berechtigungen getauscht. Wenn ein Mensch einem anderen Menschen Geld leiht, dann hat der zwar Geld, aber in der gleichen Höhe hat er auch Schulden und damit eine Verpflichtung gegenüber dem anderen Menschen, es entsteht eine gegenseitige Abhängigkeit.

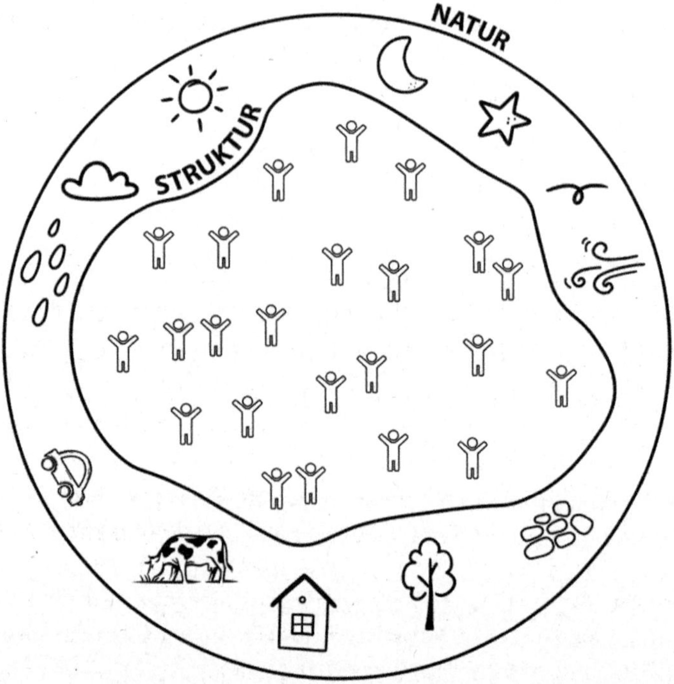

Abbildung 3a Menschen unter sich. Auf der Basis und umgeben von der physischen Welt *Natur* befindet sich die soziale Welt *Struktur*. Sie schließt alle Menschen ein und alles andere aus.

Eine Besonderheit im Sozialen ist der Tausch von Geld gegen Berechtigungen. So ist es zum Beispiel möglich, das Recht auf alleinige Nutzung eines Grundstücks zu erwerben. Das ist aber auch nichts anderes als eine zwischenmenschliche Vereinbarung. Aber anders als zum Beispiel ein Brot, kann die Nutzung eines Grundstücks nicht verbraucht werden. Zudem verlieren Berechtigungen, wenn sie alt werden, nicht an Wert – anders als Brot.

Einkommen in der physischen Welt, also klassische Arbeitseinkommen, können ungleich verteilt sein, und das kann ungerecht sein. Aber wirklich problematisch sind große Vermögen in der sozialen Welt und damit ungleich verteilte Verfügungsrechte. Das Problem dabei ist, dass mit den Vermögen Macht verbunden ist und mit großen Vermögen große Macht. Weitreichende Eigentumsrechte verstärken die Ungleichheit immer weiter, zum Beispiel durch Zinsen, Dividenden oder Mieten.

In der sozialen Welt sind die Menschen um Ausgleich bemüht. Das Paradigma in der sozialen Welt ist die Gerechtigkeit.

Das Problem der Entfremdung

Die Entfremdung von Mensch zu Mensch ist ein Problem. Das fängt schon bei uns selbst an. Wie viele Stunden des Tages sind wir wirklich bei uns? Füllen wir nicht lieber jede freie Minute mit Instagram? Oder zocken eine Runde? Und auch unsere sozialen Kontakte verlagern wir mehr und mehr ins Internet. Die unmittelbare Verbindung von Mensch zu Mensch mit all seinen Aspekten wie Vertrauen, Geborgenheit, Verantwortung und Kontrolle löst sich immer mehr auf.[5]

Dabei leben die Menschen schon immer in engen sozialen Verbindungen, die Familie und das Dorf waren alles, nur wer sozial eingebunden war, konnte überleben, war im Gegenzug aber auch den dort herrschenden Regeln und Gesetzen unterworfen. In mehreren Schritten haben sich die Menschen aus diesen engen Familienzusammenhängen gelöst, um ihren eigenen Weg zu finden und nach ihren eigenen Vorstellungen, Wünschen und Bedürfnissen zu leben.

Diese Individualisierung war ein Segen. Es hat uns große Freiheiten gebracht. Wir können wählen, an wen und was wir glauben, und auch darüber reden, ohne mit Verstoßung und Tod bestraft zu werden. Wir leben, wie wir wollen und mit wem wir wollen, und können uns jeden Morgen nach dem Aufwachen überlegen, ob wir uns heute eher wie eine Frau, ein Mann oder ein Frosch fühlen.

Nur irgendwann haben wir es übertrieben. Eine Gruppe von Solitären ist eben weniger eine Gemeinschaft als eine Ansammlung. So wie sich der direkte Bezug zur *Natur* gelockert hat, schwindet auch der direkte Bezug zu den Menschen. Und damit oft auch zu uns selbst, zu unseren Gefühlen und Bedürfnissen. Wenn wir Glück haben, gibt es noch ein paar engere Kontaktpersonen, aber noch nie waren so viele Menschen einsam und unglücklich, und noch nie nutzten so viele Menschen Tinder.[6]

Diese Überindividualisierung führte dazu, dass wir uns getrennt von anderen Menschen wahrnehmen. Wenn ich mit den anderen aber nichts zu tun habe, dann brauche ich mir auch keinen Kopf um sie zu machen. Damit ist es dann auch egal, wie viele Menschen heute wieder im Mittelmeer ertrinken und ob meine alte Nachbarin noch lebt. *Wann habe ich sie eigentlich das letzte Mal gesehen?* Und es ist dann auch völlig OK, wenn es mir besser geht, wenn ich doppelt so viel verdiene wie der Durchschnitt, oder zehnmal oder 1.000-mal so viel. Das ist OK, denn ich arbeite ja auch sehr hart dafür.

Das Problem ist, es ist eben nicht egal und auch nicht OK. In der sozialen Struktur sind wir Menschen alle miteinander verbunden, wir schwimmen alle im selben Teich, und wenn ich zu viel habe, dann hat jemand anderes zu wenig. Im Sozialen gibt es keine absoluten Größen, sondern nur Verhältnisse. Der Wert einer Ware bestimmt sich in Abhängigkeit vom Wert der anderen Waren. Über das Mittelmeer zu schwimmen ist keine olympische Disziplin. Die Menschen tun es, weil sie verzweifelt sind, und sie riskieren dabei ihr Leben. Solange die Menschen nur in eine Richtung schwimmen, ist das ein ziemlich deutliches Zeichen für ein übergroßes Ungleichgewicht. Die einfache und unbequeme Wahrheit ist: Wir sind so reich, weil die so arm sind.[7]

Das Problem besteht also in der sich stetig vergrößernden Diskrepanz zwischen der direkt erlebbaren, abnehmenden Verbundenheit von Mensch zu Mensch und der nicht direkt erlebbaren, wachsenden strukturellen, also rechtlichen, wirtschaftlichen und technischen Abhängigkeit der Menschen voneinander.

Die Möglichkeit der Rückverbindung

Die Lösung liegt auf der Hand: Wir müssen uns wieder mit uns und unseren Mitmenschen verbinden. Genau wie mit der *Natur* geht Verbinden darüber, in Kontakt zu treten, kennenzulernen, mitzuempfinden und uns zu verlieben, in alle anderen Menschen. Wir müssen mit anderen Menschen in Resonanz treten.[8]

Das bedeutet nicht, dass wir unsere Freiheiten wieder aufgeben. Es bedeutet, dass wir uns in aller Freiheit selbst unsere Bindungen, unsere Familie suchen. Nur auf eine einzige Freiheit müssen wir verzichten, nämlich auf die Wahlfreiheit der Übernahme der Verantwortung für uns selber. Diese Wahl haben wir nicht.

Wir sind verantwortlich für das, was wir tun, und damit auch für das, was wir damit anderen antun. Wir sind verantwortlich für die Menschen, die übers Mittelmeer kommen, wenn sie von der Arbeit, die sie für uns erledigen, nicht leben können. Wenn sie mit bloßen Händen das Coltan für unsere Handys aus dem Boden kratzen und dafür nicht ausreichend bezahlt werden. Wenn sie sich beim Zusammenkleben unserer coolen neuen Turnschuhe vergiften. Und ich bin verantwortlich für die Person, die meine Wohnung putzt, damit ich endlich mal wieder in Ruhe golfen kann.

Die Verantwortung für uns selbst zu übernehmen ist die Voraussetzung, um die Verantwortung für andere übernehmen zu können. Auch diese Verantwortung ist nicht freiwillig. Wir sind verantwortlich füreinander, weil wir voneinander abhängig sind. Weil mein Handeln immer und überall einen direkten Einfluss auf andere Menschen hat, so wie das Handeln anderer Menschen auf mich.

Es liegt also an uns, die sozialen Kontakte auf allen Ebenen zu pflegen. Es ist im Übrigen genau das, was wir am meisten wollen und brauchen, den Kontakt zu anderen Menschen. Wie schon Martin Buber sagte: *Alles wirkliche Leben ist Begegnung.* Also: *Begegnen wir uns und leben!*[9]

Das Glück der Begegnung

Wir brauchen andere Menschen für unsere Sicherheit, Zugehörigkeit und Anerkennung. Auf der einen Seite geht es darum, dabei zu sein und teilzuhaben, auf der anderen Seite, miteinander zu teilen. Aber es ist kein Teilen wie im Bereich der Natur, etwa dass wir das Brot miteinander teilen, damit alle satt werden. Sondern es geht um die Prämissen Gleichheit und Gerechtigkeit. Die Würde des Menschen kann nicht bewertet werden, sie ist absolut. Die Würde der Menschen ist gleichwertig. Und damit auch die Menschen. Jede Abweichung hiervon ist eine Form der Diskriminierung. Die Gleichwertigkeit bezieht sich auf die Teilhabe und die Handlungsmöglichkeiten. Der Umgang mit diesen Möglichkeiten wiederum liegt in der Hand und damit in der Verfügung des Einzelnen.[10]

Sicherheit ist ein Grundbedürfnis des Menschen und zieht sich durch alle Lebensbereiche. Sie fängt an bei der Versorgung, einer sicheren Wohnung, einem festen Arbeitsplatz und dem dazugehörigen Einkommen. Aber auch menschliche Kontakte sollten sicher sein. Hier helfen uns vor allem Regeln und Gesetze, und wenn da etwas doch nicht so sicher war, hilft die Polizei – und manchmal auch die Versicherung.

Alle diese Sicherheiten können nur wir Menschen uns geben. Indem wir uns gegenseitig respektieren, also nicht in die Wohnung des anderen einbrechen, keine fremde Post lesen und die Sozialabgaben nicht hinterziehen. Und uns ganz fest in die Arme schließen, um uns Schutz und Geborgenheit zu geben.

Ein weiteres soziales Grundbedürfnis ist die Zugehörigkeit. Wir brauchen einen Ort, an dem wir zu Hause sind, auch im Sozialen, eine Gruppe, von der wir ein Teil sind, zu der wir gehören. Das sind Familie, Freundinnen, Freunde und Bekannte. Wir brauchen Kontakt, Freundschaft und Liebe. Die finden wir aber auch in der Arbeit, Schule, Freizeit und bei Edeka. Wenn ich mal wieder umgezogen bin, fühle ich mich immer erst richtig angekommen, wenn mich Friseur, Buchhändlerin und Zeitungsverkäufer mit meinem Namen begrüßen.[11]

Mit der Anerkennung ist das so eine Sache. Die Anerkennung hat zwei Seiten, wir brauchen die Anerkennung anderer Menschen, und wir brauchen die Anerkennung von uns selber, unsere Selbstachtung. Diese zwei Seiten sind wie bei einer Münze untrennbar miteinander verbunden. Es ist viel leichter, mich selbst anzunehmen wie ich bin, wenn ich das auch gespiegelt bekomme. Finden alle meine neue Frisur blöd, dann finde ich die auch nicht mehr so richtig cool. Die Anerkennung durch andere hilft mir nicht nur bei der Selbstachtung, sondern ist auch existenziell für meine Stellung in der Gesellschaft, meinen Status. Und nur weil ich gerade einen traurigen Prinzen geheiratet habe, bedeutet das nicht, dass ich als Königin gesehen werde. Manche halten mich vielleicht auch einfach nur für eine mittelmäßig erfolgreiche Ex-Schauspielerin mit hohem Dramapotenzial.[12]

Der richtige Abstand

Begegnungen verändern sich mit dem Abstand. Je nach Abstand ändert sich die Qualität des Kontakts, den wir zu anderen Menschen aufbauen und damit unsere reale und empfundene Betroffenheit. Unser Sozialleben umgibt uns und bildet Ringe um uns wie der Baum Jahresringe um sein Mark. Der innerste Ring besteht aus unserer Familie und unseren allerbesten Freundschaften. Das können drei bis zehn Menschen sein, mit denen wir unser

Leben teilen. Wir bilden eine Gemeinschaft und sind füreinander da. Wir feiern zusammen, wir freuen uns zusammen, wir leben zusammen, wir halten uns gegenseitig. Getragen wird diese Gemeinschaft durch Vertrauen, Zuneigung und Liebe, aber auch durch Abhängigkeit und Gewohnheiten. Der Abstand zueinander ist sehr gering, wir stehen in stetigem Austausch, die Körper berühren sich. Wir haben jeden Tag Kontakt.[13]

Den nächsten Ring bildet unser Bekanntenkreis, unser Dorf. Das sind die Menschen, die wir gut kennen, unsere Freundinnen, Nachbarn und Kolleginnen, unsere Laufgruppe, die Friseurin und die Yogagruppe, vielleicht 50 bis 100 Menschen. Wir wissen, wer gerade mit wem zusammen ist, und was die Kinder so machen. Wir haben regelmäßig Kontakt, vielleicht einmal in der Woche. Auch diese Begegnungen sind getragen von Vertrauen und Zuneigung und von Gewohnheiten. Auch diesen Menschen würden wir jederzeit helfen, wenn sie uns brauchen. Der Abstand ist aber nicht ganz so eng, wir müssen uns nicht bei jeder Gelegenheit umarmen. Wir kommunizieren direkt, wir haben die private Telefonnummer. Abmachungen werden mündlich getroffen und sind verbindlich.[14]

Darum herum legt sich die Stadt oder, bei größeren Städten, der Kiez. Das sind die bis zu 1.000 Menschen, die wir kennen, unsere Bekannten, Menschen, von denen wir wissen, wer sie sind, von denen wir aber nicht immer den Namen kennen. Dies sind die ganzen alltäglichen Kontakte, die Verkäuferin, der Sachbearbeiter im Arbeitsamt, die Chefin, der Hausmeister, die Lehrerinnen der Kinder und mein Strafanwalt. Vielleicht treffen wir sie nur alle paar Monate, aber wir erkennen sie auf der Straße und grüßen sie. Der Kontakt folgt sozialen Regeln, es gibt noch mündliche Abmachungen, aber es wird Papier bevorzugt. Verträge für den Sportverein, Spendenbescheinigungen und Eintrittskarten. Der Abstand wird größer, und die Begegnungen formaler, aber wir nehmen uns immer noch als individuelle Menschen wahr. Im Notfall helfen wir selbstverständlich, aber wir müssen nicht alle Probleme dieser Bekannten so genau kennen.[15]

Hierum legt sich das Land, in dem wir leben. In unserem Fall ist das Deutschland mit seinen 84 Millionen Menschen. Diese können wir nicht kennen. Schreiben Sie mal 84 Millionen Weihnachtskarten, dann wissen Sie warum. Fast alles sind Unbekannte, und dennoch haben wir eine Verbindung, teilen wir Erfahrungen, Werte und Regeln. Wir sprechen dieselbe

Sprache, essen die gleichen Lebensmittel, kennen dieselben Filme, schauen zusammen Fußball und schimpfen über dieselben unfähigen Politikerinnen und Politiker, die mal wieder alles vermasseln. Dass nicht alles an den anderen fremd ist, merken wir Superindividualisten vor allem, wenn wir irgendwo, weit weg von zu Hause, vielleicht an der Pazifikküste in einem kleinen mexikanischen Dorf, auf andere Deutsche treffen. Falls die auch gerade ausgeraubt wurden, dann sind wir von einer Sekunde auf die andere ganz dicke Freunde. Ansonsten erfolgt die Kommunikation aber rein formal über Regeln, Vorschriften und Gesetze und bei informellen Kontakten über soziale Regeln, Gewohnheiten und Sprache. Das Verbindende und das Gemeinsame definieren wir über das Fremde. Wir gegen die korrupten mexikanischen Polizisten. Ansonsten fällt es uns schwer, eine persönliche Verbundenheit herzustellen. Und es fällt uns auch schwer, Verantwortung für Menschen zu übernehmen, die wir nicht kennen. Der Paritätische Verband hat eine Studie veröffentlicht, die ein Drittel der Bremer als arm ausweist. Na und? Soll man dann vielleicht die Grenze einfach für alle Flüchtenden öffnen oder lieber doch nicht, und wo sollten die denn alle wohnen, und vielleicht nehmen sie mir auch noch meinen Job weg?[16]

Schließlich gibt es da noch acht Milliarden Menschen, den Rest der Welt. Die sind mir alle mehr oder weniger fremd. Vielleicht sind mir Europäerinnen und Europäer noch etwas näher, mit Österreicher kann man ja wenigstens noch reden, aber kennen Sie Menschen aus Albanien, so persönlich? Jedes Land hat seine eigene Sprache, lebt nach seinen eigenen Regeln und schickt die Kinder in die eigene Schule, oder auch nicht. Was uns verbindet, ist am Schluss nur, dass wir alle Menschen sind. Einen direkten sozialen Bezug, von Mensch zu Mensch, haben wir nicht, und doch sind wir eng miteinander verbunden. Irgendwo in Spanien gibt es einen Bauern, der gerade die Tomaten erntet, die Sie diesen Freitag essen werden. Und es liegt an uns, ob er dabei in einer Pestizidwolke steht oder nicht. Denn ich kann entscheiden, ob ich eine Pestizidtomate kaufe oder eine Biotomate. Der soziale Austausch erfolgt über internationale Abmachungen und Verträge.[17]

Wie wir gesehen haben, gibt es ein paar Hundert Menschen, die wir persönlich kennen, also auf der Ebene von Familie, Freunde und Bekannte, von zu Hauses, auf dem Dorfe und in der Stadt. Hier haben wir die Möglichkeit, unsere soziale Kommunikation zu gestalten und damit auch die Möglichkeit, für andere Menschen direkt Verantwortung zu übernehmen. Mit diesen Menschen bilden wir eine Gemeinschaft.

Auf nationaler und internationaler Ebene, also auf Gesellschaftsebene, funktioniert der persönliche Kontakt nicht. Hier erfolgt die soziale Kommunikation nur indirekt über Regeln, Abmachungen und Verträge. Und dennoch – oder gerade deswegen – ist es unsere Aufgabe, oder die Aufgabe der von uns gewählten Politikerinnen, diese so zu gestalten, dass hierbei die Menschenwürde aller gewahrt bleibt. Das ist, wie oben schon beschrieben, dann der Fall, wenn Teilhabe und Handlungsmöglichkeiten für alle garantiert sind. Wenn alle Menschen die gleichen Rechte haben und sich gegenseitig als gleichwertig anerkennen.

Aber was hat die *Struktur* mit unserem Leben zu tun?

All unser Handeln, und damit auch unser Wirtschaften, erfolgt in Strukturen. Und diese Strukturen können Leben fördern oder zerstören. Lebensfördernd sind Strukturen, wenn sie das Zusammenleben der Menschen gerechter machen und die Teilhabe der Menschen am gemeinsamen Leben fördern. Gerechtigkeit und Teilhabe sind dabei keine absoluten Parameter, sondern bedürfen der permanenten sozialen Aushandlung. In diesem Sinne kann es auch keine gerechte Gesellschaft geben, sondern nur eine gerechtere oder ungerechtere Gesellschaft. Jede Veränderung, jedes neue Gesetz, sollte auf die Waagschale der Gerechtigkeit gelegt werden. Dasselbe gilt für die Teilhabe. Bei beiden, Teilhabe und Gerechtigkeit, geht es um das Öffnen von Möglichkeitsräumen, die dann individuell genutzt werden können, somit also auch immer um die individuelle Freiheit.[18]

Wirtschaft

Gemeinschaften sind Gruppen von Menschen, die sich kennen und auf irgendeine Art und Weise miteinander verbunden sind. Gesellschaften bestehen dagegen aus Menschen, die einander nicht kennen. Die *Struktur* ist der Rahmen, der das Zusammenleben sich gegenseitig bekannter und nicht bekannter Menschen regelt und organisiert. Das funktioniert über die Erlassung von Gesetzen, also die Erfindung von Spielregeln, durch die Rechte und Pflichten verteilt werden – angefangen bei der Verfassung, die festlegt, wer überhaupt Gesetze vorschlagen und beschließen darf, bis zu den Durchführungsverordnungen, die vorschreiben, welches Formular für welchen Antrag zu verwenden ist.

Im Großen und Ganzen geht es um die Organisation unseres Alltags. Wir haben einen Minister für Essen, eine Ministerin für Wohnen, einen Minister für Autos und einen Minister für Gesundheit. Im Kern geht es jedoch um die Verteilung von Macht, um die alte Frage, wer wem den Tribut entrichtet. Verhandelt wird das auf den zwei Bühnen *Einkommen* und *Vermögen.* Auch hierfür haben wir Minister, einen für Arbeit und einen für Finanzen.[19]

Bei der Frage des Einkommens geht es um unseren alltäglichen Lebensunterhalt, um unsere Versorgung mit Käse, Brot und Butter, und darum, wer dazugehört und wer nicht, um die Teilhabe an der Gemeinschaft. Wer darf überhaupt mit zur Erwirtschaftung unseres Volkseinkommens beitragen und wer darf es ausgeben? Alle bekommen etwas zu essen. Aber wer kriegt Mindestlohn und wer den Maserati?

Einkommen und Vermögen werden oft in einen Topf geworfen. Und doch besteht ein maßgeblicher Unterschied. Man kann sehr gut ohne Vermögen leben, aber nicht ohne Einkommen. Bei Vermögen geht es nicht um die nächste Mahlzeit oder ob ich einen Platz zum Wohnen habe, sondern darum, wer die Miete bekommt.

Um den Unterschied zwischen der Welt der Einkommen und der Welt der Vermögen besser zu verstehen, und auch was sie miteinander verbindet, können wir uns einen Bach und einen See vorstellen.

Einkommen sind Bäche, oder manchmal auch Flüsse, das Geld fließt an uns vorbei. So wie es reinkommt, geben wir es wieder aus. Vermögen gleichen dagegen einem See. Sie sind eine Ansammlung von Geld, gewissermaßen Staugeld. Beide Bereiche sind nicht streng voneinander getrennt. Wir können Wasser aus unserem Fluss in den See umleiten, dann wird der See größer, und können bei Bedarf auch wieder etwas Wasser ableiten. Obwohl es diese Verbindung gibt, handelt es sich doch um zwei völlig unterschiedliche Bereiche, vielleicht so unterschiedlich wie Wasser und Eis.

Struktur des Lebens

Leben wir, um zu arbeiten, oder arbeiten wir, um zu leben? Diese Frage macht keinen Sinn. Denn wir arbeiten, weil wir leben wollen und leben, weil wir arbeiten. In diesem Sinne ist Leben und Arbeiten das Gleiche. Auf jeden Fall ist alle Arbeit ein Teil unseres Lebens. Aber nicht alles an unserem Leben bezeichnen wir als Arbeit. Manches nennen wir auch Hobby, zum Beispiel Bildermalen. Deswegen sind wir uns auch nicht sicher, wenn eine Künstlerin den ganzen Tag Bilder malt, ob sie auch wirklich arbeitet. Der Arbeitsbegriff in unserer modernen Welt ist fokussiert auf Erwerbsarbeit, auf abhängig sozialversicherungspflichtige Erwerbsarbeit. Alle andere Arbeit, wie Bildermalen oder Kindern ein paar Fischstäbchen braten, wird nicht so richtig als Arbeit anerkannt, ist ja auch irgendwie freiwillig oder macht Spaß, und alles was Spaß macht, ist keine Arbeit. So könnte man das sehen. Aber ich finde, es ist anders herum: Alles, was nicht Spaß macht, ist keine richtige Arbeit.

Unsere Arbeit, unser Leben

Was wir zum Leben brauchen, bekommen wir nur durch Arbeit, ob Fischstäbchen, ein neues Auto, Strafzettel oder schicke Fingernägel. Durch Arbeit schaffen wir uns unseren Reichtum, und den müssen wir verteilen. Damit das Verteilen nicht so kompliziert wird – biete 8.000 Fischstäbchen gegen einen Kühlschrank – verwenden wir Geld. Unser monatliches Einkommen entspricht unserem Anteil an der monatlichen Produktion aller Waren und Dienstleistungen. Da alle Menschen leben wollen, wollen auch alle Menschen arbeiten, sie wollen beteiligt sein an der Erschaffung des Reichtums und an seiner Verteilung. Der Ausschluss aus der Teilhabe an der Arbeit ist ein Ausschluss aus dem Leben. Aus dem Gemeinschaftsleben und damit auch aus dem eigenen. Der Ausschluss von der Teilhabe ist eine Verletzung der Menschenwürde und kann nur durch ein Recht auf Arbeit geheilt werden.

Wir bewerten Arbeit nach Einkommen, Sicherheit und Selbstbestimmung. Ein hohes Einkommen, das wir immer toll finden, steht in Konkurrenz zu unserem Sicherheitsbedürfnis, vor allem aber fürchten wir, mit der Arbeit auch einen Teil unseres Lebens zu verlieren und damit unsere Selbstbestimmung. Am liebsten wäre mir eine Arbeit als selbständiger Beamter mit sehr hohem Gehalt in einem liebevollen Team – da wären alle Widersprüche eingehegt. Ein Recht auf Arbeit würde die Situation erheblich entschärfen. Dann müssten wir uns keine Sorgen um unser Einkommen machen, denn wir könnten jederzeit eine neue Arbeit aufnehmen und wären davon befreit, in unbefriedigenden Arbeitsverhältnissen auszuharren. Neben dem Recht auf Arbeit wäre auch die Ausweitung des Arbeitsbegriffs hilfreich, insbesondere die Anerkennung der Pflegearbeit in der Familie wäre zur Förderung der Teilhabe und zur Selbstbestimmung wichtig.

Offiziell arbeitet die Hälfte der Menschen in Deutschland, also nur jede und jeder Zweite. Das hört sich erst mal nicht nach viel an, denn die andere Hälfte arbeitet nicht. Aber wer ist das? Das sind Kinder (20 Prozent), Senioren und Seniorinnen (20 Prozent), Kranke, Behinderte und Arbeitslose (10 Prozent), also arbeiten fast alle, die es können.[20] Darunter befinden sich jedoch auch viele, die in schlecht bezahlten Teilzeitjobs beschäftigt sind und eine Arbeit machen, von der man nicht leben kann. Und unter den offiziell Nicht-Arbeitenden gibt es viele, deren Arbeit nicht anerkannt ist, die deswegen auch nicht bezahlt wird – etwa die Pflegearbeit in der Familie. Auf der anderen Seite werden in vielen Bereichen händeringend Mitarbeitende gesucht. Aktuell sind in Deutschland 2,8 Millionen Stellen nicht besetzt.[21]

Die erste gute Nachricht: Es gibt genug Arbeit für alle! Was noch nicht so gut läuft, ist die Verteilung, die Berücksichtigung der Care-Arbeit, und für alle auskömmliche Gehälter. Die zweite gute Nachricht: Wir arbeiten genug! Wir haben alles, was wir brauchen.[22]

Wann sind wir reich?

Durch Arbeit schaffen wir uns unseren Reichtum. Es gibt nichts, das wir besitzen, das nicht von Menschen gesammelt, gejagt oder hergestellt wurde. Den ganzen Tag sind wir damit beschäftigt, Dinge herzustellen und zu pflegen. Das betrifft unser Essen, unsere Kleidung und Wohnung und unser Auto, aber auch Segelboote, bunte Papierdrachen und Duftkerzen, außerdem den ganzen nicht-materiellen Reichtum, also Kunst und Kultur.

Ein Großteil unseres Reichtums besteht auch aus freundlichen Menschen, die sich liebevoll um uns kümmern, aus unserem Personal, das wir dafür bezahlen, dass sie unsere Schuhe reparieren, Autoreifen wechseln, Bücher verkaufen oder, der Klassiker, unsere Haare schneiden, also Dienstleistungen erbringen, die wir nicht selber machen können oder wollen.[23]

Sind wir reich, wenn wir eine Duftkerze besitzen? Die eine schon, der andere nicht. Wir sind reich, wenn wir uns reich fühlen, wenn wir mit dem, was wir haben, zufrieden sind. Das hängt jedoch auch davon ab, was unseren Nachbarinnen und Nachbarn so alles gehört. Haben wir genauso viel oder sogar mehr, sind wir zufrieden und fühlen uns reich. Haben wir weniger, fühlen wir uns arm. Emotional ist es möglich, unseren Status auf unterschiedliche Gegenstände zu übertragen. Der Nachbar hat zwar ein dickeres Auto, aber wir haben ein Ferienhaus in Schweden. Für die eine ist ein altes Stück Holz gerade mal gut genug, um den Kamin anzuzünden, für den anderen ist es eine wertvolle Geige.

Unser Wohlbefinden ist, so lange unsere Grundbedürfnisse befriedigt sind, abhängig von unserem gefühlten Reichtum. Was uns reich macht, ist abhängig von unseren individuellen Präferenzen und dem sozialen Vergleich. Somit ist unser Wohlbefinden von der Verteilung der Güter und Dienstleistungen abhängig.[24]

Gibt es eine gerechte Verteilung?

Verteilen können wir die Güter und Dienstleistungen, die wir herstellen. Tatsächlich sind genügend da, es herrscht kein Mangel, an gar nichts. Wir leben in einer Überflussgesellschaft. Ein großer Anteil der hergestellten Kleidung wird ungetragen weggeworfen, bei der Produktion, vom Handel und von uns selber.[25] Auch beim Essen ist die Bilanz nicht gut, nur die Hälfte landet im Magen, die andere Hälfte im Müll.[26]

Waren wir bis vor ein paar Jahren daran gewöhnt, dass wir alles immer und sofort bekommen, sind wir gerade dabei, uns an löchrige Lieferketten zu gewöhnen. Ist mal ein Produkt nicht im Supermarktregal oder gar nicht lieferbar, versetzt uns das in Panik, und wir horten Klopapier und Nudeln. Was ändert sich dadurch? Nichts! Gibt es kein Brot, essen wir Kuchen.

Also ist die Frage: *Wie kann eine lebensfördernde Verteilung aussehen?* Die perfekte Lösung gibt es nicht, denn die Verteilung selbst ist ein lebendiger, sozialer Prozess und muss jederzeit neu ausgehandelt werden. Wir können uns aber an eine gute Verteilung herantasten.

Wir könnten ein paar Festlegungen treffen: Die Verteilung sollte auskömmlich sein und nicht zu ungerecht. Auskömmlich oder auch ausreichend ist es, wenn die Grundbedürfnisse aller befriedigt werden können, inklusive der sozialen Teilhabe. Wann die untere Grenze erreicht ist, kann an ein paar Orientierungswerten abgelesen werden: Steuerfreibetrag, Bürgergeld und Bafög. Der Betrag liegt bei rund 1.000 Euro im Monat an verfügbarem Einkommen für eine erwachsene Person, also ein wenig unter der Armutsschwelle von 1.200 Euro.[27]

Nicht so leicht lässt sich eine *gerechte Ungleichheit*, also die Obergrenze, definieren. Wie viel ist genug? Mein pragmatischer Vorschlag ist, wir nehmen das Einkommen von unserem Kanzler, der jeden Monat rund das Zehnfache des Durchschnitts zur Verfügung hat. Und für diesen Job finde ich das auch angemessen. Aber alles darüber hinaus ist nicht mehr so leicht nachvollziehbar, denn wer arbeitet schon härter als Olaf?[28]

Einkommen

Den Begriff *Einkommen* verwende ich hier im Sinne des Geldbetrags, der uns jeden Monat aufs Konto überwiesen wird und über den wir nach Lust und Laune verfügen können. Das sind Arbeitseinkommen, Renten, Kindergeld, Bürgergeld, Mieten, Dividenden und Zinsen. Zusammen ist es das verfügbare Nettohaushaltseinkommen. Netto bedeutet, alle direkten Steuern und Abgaben sind schon abgezogen. Zur besseren Verständlichkeit und Vergleichbarkeit werde ich als Einheit der Einkommen, wie schon in den anderen Kapiteln, nicht Haushalt und Jahr, sondern das Monatseinkommen für einen einzelnen Erwachsenen verwenden.

Bei Einkommen denken wir fast immer ans Geld. Doch darum geht es nicht. Denn Geld, das wissen wir, kann man nicht essen. Gäbe es nur ein einziges Produkt, zum Beispiel Karotten, dann bräuchten wir kein Geld, dann wäre unser monatliches Einkommen ein Sack Karotten. Unser Einkommen ist also nichts anderes als unser Anteil am Karottenberg. Da wir aber keine Hasen sind und gerne auch mal etwas anderes essen, wurde Geld erfunden. Und Geld ist unser Anteil an den Mitteln, die wir zum Leben brauchen, unseren Lebensmitteln. Wir können Geld nicht essen, aber wir können es gegen Karotten tauschen.

Wofür brauchen wir ein Einkommen?

Unser Einkommen brauchen wir zur Befriedigung unserer Bedürfnisse, der physischen, sozialen und kulturellen. Im Regelfall geben wir unser Einkommen vor allem für körperliche Bedürfnisse aus. Angefangen mit der Wohnung, für die wir ein Drittel unseres Einkommens verwenden. Ein weiteres Drittel unseres Einkommens geben wir für Essen, Verkehr und Kleidung aus. Für unsere sozialen und kulturellen Bedürfnisse, für Freizeit und Kultur, verwenden wir lediglich zehn Prozent unseres Einkommens. Frei nach Brecht: *Erst kommt das Wohnen, dann kommt die Kultur!*[29]

Haben wir ein höheres Einkommen, können wir uns eine größere Wohnung leisten oder besseres Essen und ein dickeres Auto. Bei einem kleineren Einkommen können wir überlegen, worauf wir verzichten, lieber eine kleinere Wohnung oder lieber kein Auto. Wir können jeden Euro nur einmal ausgeben, wir müssen uns nur entscheiden wofür. Da Wohnen teuer ist, führt das dazu, dass Menschen mit geringerem Einkommen einen größeren Anteil, bis zur Hälfte, für Wohnen ausgeben müssen und entsprechend für alles andere nur noch die Hälfte, des schon sehr niedrigen Einkommens, übrig haben. Auf der anderen Seite geben Menschen mit hohen Einkommen nur ein Viertel fürs Wohnen aus. Von dem hohen Einkommen bleibt so auch ein viel größerer Anteil, nämlich drei Viertel, übrig. Hiervon kann dann auch Geld zurückgelegt werden, um sich später mal eine schöne Rolex zu kaufen. Das Ansparen von richtigem Vermögen ist jedoch mit normalen Einkommen und bei normaler Lebensweise nicht möglich.[30]

Woher kommt das Einkommen?

Um besser zu verstehen, wo das ganze Geld jeden Monat herkommt und wohin es wieder verschwindet, können wir uns kurz noch einmal den Karottenberg vorstellen. Der besteht aus allen in einem bestimmten Zeitraum, nehmen wir den Monat, produzierten Waren und Dienstleistungen. Neben dem Karottenberg stellen wir uns jetzt noch einen Stapel Geldscheine vor. Der Wert des Karottenbergs entspricht dem Stapel Geldscheine. Ansonsten könnten ja nicht alle Karotten verteilt bzw. verkauft werden. Nehmen wir mal an, der Karottenberg wiegt 100 Kilogramm und der Geldstapel beträgt 100 Euro, dann kostet ein Kilogramm Karotten genau einen Euro.

Jetzt gibt es zwei Kreisläufe, den Geldkreislauf und den Karottenkreislauf. Diesen Monat habe ich genau einen Euro verdient, diesen bringe ich in den Laden (Handel). Die Ladenbesitzerin trägt ihn in die Gärtnerei (Produktion) und kauft dort neue Karotten. Und der Gärtner gibt mir den Schein wieder zurück, da ich, das hatte ich noch gar nicht verraten, dort arbeite, um Geld zu verdienen.

Das Geld wandert im Kreis: Konsument – Handel – Produktion.

Derweil werden die Karotten auch im Kreis weitergegeben, aber in umgekehrter Richtung.

Die Warenwanderung läuft so: Produktion – Handel – Konsument.

Wie uns auffällt, haben beide Kreise einen Sprung. Zweimal wird Geld gegen Waren getauscht, aber dann muss das Geld ja wieder vom Produzenten an den Konsumenten weitergereicht werden, als Tausch bietet der Konsument seine Arbeit, er wird selber zum Produzenten. Der ganze Kreislauf der Waren und des Geldes funktioniert nur, wenn jede und jeden, der kann, mit anpackt, wenn wir alle mitproduzieren. Auch Karotten fallen nicht vom Himmel!

Die gesamte Geldmenge ist also immer vorhanden, sie wird einfach immer nur weitergereicht. Selbstverständlich ist das System aufgrund von Steuern, Abgaben, Krediten und schwankenden Preisen deutlich komplizierter, aber im Prinzip funktioniert der private Konsum genau so.

Unser Einkommen wird aus vielen unterschiedlichen Quellen gespeist. Im Wesentlichen sind das aber vor allem zwei Quellen. Die Arbeitseinkommen, bei mir für das Jäten der Karotten, und staatlich zugeteilten Transferleistungen in Form von Renten, Bürgergeld und Kindergeld. Die Aufteilung dabei ist Hälfte/Hälfte, im Jahr 2022 betrug die Staatsquote 50 Prozent, das ist das Geld, das staatlich kontrolliert verteilt wurde.[31]

Das Geld für die Transferleistungen zweigt sich der Staat in Form von Steuern und Abgaben an vielen Stellen im Geldkreislauf ab. Die wichtigsten sind die direkten Abgaben auf Arbeitseinkommen wie Lohnsteuer und Beiträge für die Renten- und Krankenkasse und die indirekten Konsumsteuern, die wir ja beim Shoppen auch von unserem Einkommen finanzieren. Die Arbeitsverhältnisse bilden die Grundlage für die Verteilung der Einkommen. Wer wie viel davon bekommt, wird ständig neu auf gesellschaftlicher Ebene, also politisch, ausgehandelt und staatlich kontrolliert. Auf der einen Seite wird so festgelegt, wie viel ich von meinem Arbeitseinkommen behalten darf, also wie viel wirklich auf meinem Konto landet, und auf der anderen Seite, wie viel des einbehaltenen Betrages ich als Transferleistungen wieder ausgeschüttet bekomme.

Daneben gibt es auch noch Vermögenseinkommen, Mieten aus Immobilienbesitz, Dividenden aus Betriebsvermögen und Zinsen aus Geldbesitz. Davon profitieren aber nur die sehr reichen Haushalte.

Wie viel Einkommen gibt es?

Wie schon im Kapitel *Natur* festgestellt, ist das eine einfache Frage, die sich statistisch auch einfach beantworten lässt. Die volkswirtschaftliche Gesamtrechnung kommt im Jahr 2022 für die verfügbaren Einkommen der Privathaushalte auf zwei Billionen Euro. Teilt man diesen Betrag durch die Anzahl der Menschen in Deutschland, kommt man auf ziemlich genau 2.000 Euro im Monat.[32]

Das Statistische Bundesamt gibt den Durchschnitt jedoch mit 2.400 Euro an. Das liegt daran, dass es die Einkommen gewichtet, hierdurch werden die Einkommen jedoch um 20 Prozent überschätzt, man könnte auch sagen, sie werden schöngerechnet. Irgendwie klingt ein Durchschnittseinkommen von 2.400 Euro doch viel besser als 2.000 Euro. Als Basis, zur Ermittlung der Armut, wird aber wiederum der Median und nicht der Durchschnitt der Einkommen genommen. Der Median oder auch Zentralwert ist das Einkommen, das bei einer Sortierung aller Menschen nach Einkommen jener Mensch erhält, der genau in der Mitte steht.[33]

Der wichtigste Unterschied zwischen Durchschnitt und Median der Einkommen ist, dass bei der Berechnung des Durchschnittseinkommens alle Einkommen berücksichtigt werden, bei der Berechnung des Medians jedoch die höheren Einkommen keine Rolle spielen. Das bedeutet, dass bei Berücksichtigung des Durchschnitts die ärmeren Menschen im Verhältnis noch ärmer werden, wenn die hohen Einkommen steigen, was ja auch der Realität entspricht. Bei Heranziehung des Medians fällt dieser Fakt, also die Realität, unter den Tisch.

Fest steht aber, dass der Gesamtbetrag aller Einkommen konstant ist. Es ist also alles eine Frage der Verteilung. Würde man das verfügbare Gesamteinkommen auf alle verteilen, hätte jeder 2.000 Euro. Überdurchschnittliche Einkommen kann es demnach nur geben, wenn es auch unterdurchschnittliche Einkommen gibt. Es ist also nicht egal, wenn jemand im Jahr ein Einkommen von 6 Milliarden hat, wie Dieter Schwarz, der aktuell reichste Deutsche und Eigentümer von Lidl und Kaufland. Weil eine einzige Person sechs Milliarden bekommt, haben alle anderen 70 Euro weniger.[34]

Die aktuelle Verteilung der Einkommen

Die Einkommen in Deutschland sind ungleich verteilt. Die niedrigsten Einkommen betragen 800 Euro im Monat. Die höchsten liegen beim Zehnfachen, bei 8.000 Euro, zumindest in den meisten Statistiken. Mit einer oberen Grenze von 8.000 Euro werden 99 Prozent aller Einkommen erfasst. Der Median, der Wert in der Mitte, liegt bei 2.000 Euro. Also hat die eine Hälfte der Bevölkerung mehr, die andere Hälfte weniger. Mit einem Gehalt von 2.400 Euro gehört man in diesen Berechnungen schon zum obersten Drittel, mit 3.000 Euro zum obersten Fünftel und ab 4.000 Euro zu den reichsten zehn Prozent.[35]

Ab einem verfügbaren Einkommen von 8.000 Euro pro Monat gehört man zum reichsten Prozent. Und hier fangen die Probleme an. Ab hier geht die Kurve steil nach oben. Die mutigste Statistik, die ich gefunden habe, gibt den Spitzenwert mit 40.000 Euro pro Monat an. Das wäre im Verhältnis zu 800 Euro dann schon das 50-fache. Hier kommen wir in den Bereich der Manager der Dax-Konzerne. Im Vergleich zu den in Deutschland lebenden 120 bis 200 Milliardären und 20 bis 40 Milliardärinnen (je nach Quelle) sind das aber noch arme Schlucker. Mit einem Vermögen von 1 Milliarde Vermögen kommt man auf ein monatliches Einkommen von 10 Millionen, und damit auf ein 10.000-faches Einkommen. Und an der Spitze haben wir dann noch Dieter Schwarz, der mit seinen 500 Millionen Euro im Monat 400.000-mal so viel hat wie die Menschen, die seine Regale bei Lidl einräumen.[36]

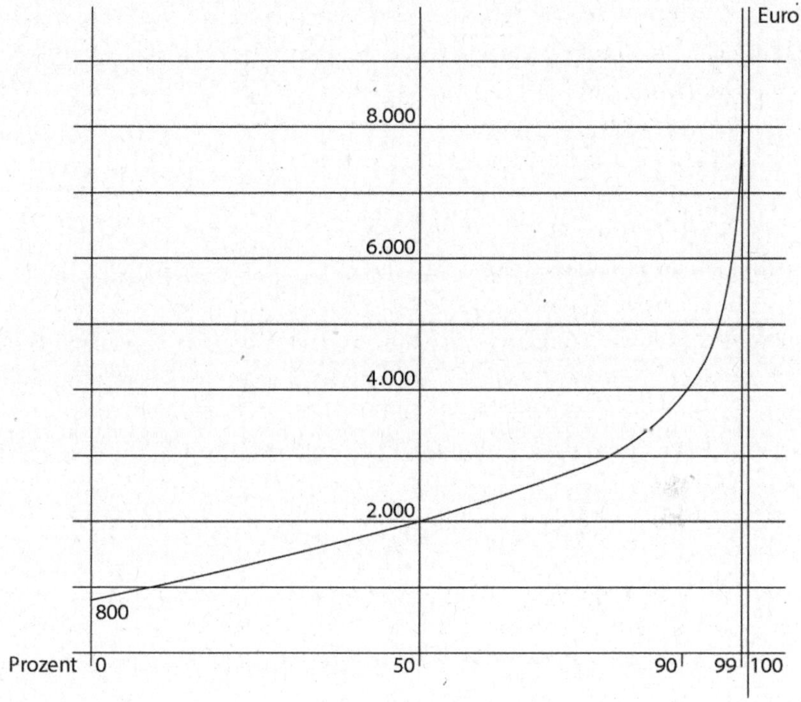

Abbildung 3b Verteilung der verfügbaren Monatseinkommen der ärmeren 99 Prozent. [Angaben in Euro]

Ungleichheit der Einkommen

Die Einkommen sind ungleich verteilt. *Und das ist auch gut so.*[37] Denn die Ungleichheit ist ein Spiegel des Lebens. Eine lebensfördernde Ungleichheit liegt, wie schon gesagt, zwischen den zwei extremen Rändern, wenn alle das gleiche Einkommen hätten oder einer alles. Aber eine Einkommensungleichheit, wie sie aktuell vorliegt, dass nämlich ein Mensch 400.000-mal so viel Einkommen hat wie andere Menschen, ist sehr bizarr.

Doch wie finden wir das rechte Maß? Nähern wir uns der Frage wieder von den Rändern, der Armut und des Reichtums.

Wer ist arm?

Deutschland gehört zu den reichsten Ländern der Welt. Und dennoch leben hier 14 Millionen Menschen in Armut. Ihr Leben ist von täglichem Mangel geprägt. Arm ist, wer weniger als 60 Prozent des mittleren Einkommens zur Verfügung hat, wem also weniger als 1.200 Euro im Monat zur Verfügung stehen. Bei Kindern ist die Grenze bei 400 Euro.[38]

Die untersten Einkommen liegen aktuell bei 800 Euro und damit bei 40 Prozent des mittleren Einkommens. Unter den Menschen mit zu wenig Einkommen befinden sich überproportional viele Kinder, Rentnerinnen und Arbeitslose. Diese Menschen sind arm, weil sie ein zu geringes Einkommen beziehen. Und sie haben zu wenig, weil andere zu viel haben.[39]

Die Armut zu beseitigen ist, zumindest offiziell, ein Ziel der Bundesregierung. Auf jeden Fall hat sie im Rahmen der Agenda 2030 das Erreichen der 17 globalen Entwicklungsziele beschlossen. Und hierzu zählt auch das erste Ziel: *Armut in jeder Form und überall zu beenden.*[40]

Aber wäre es denn überhaupt möglich, die Armut in Deutschland zu beseitigen? Aktuell gibt es 14 Millionen Menschen, die in Armut leben. Davon sind drei Millionen Kinder und elf Millionen Erwachsene. Um diese Menschen aus der Armut zu holen, müsste ihr Einkommen auf 1.200 Euro angehoben werden. Die durchschnittliche Einkommenslücke bei Erwachsenen beträgt 200 Euro, bei Kindern 150 Euro. Das ergibt einen monatlichen Bedarf von 2 Milliarden Euro. Und das entspricht acht Prozent des verfügbaren Einkommens des reichsten Prozents aller Bürgerinnen und Bürger.[41]

Es ist keine Frage, ob wir uns das leisten können, denn das Geld ist vorhanden, hierfür müsste der Finanzminister kein frisches Geld drucken und auch keine neuen Schulden aufnehmen. Es ist nur eine Frage, ob wir uns eine gerechtere Aufteilung der Einkommen leisten *wollen*. Eine Reduzierung der Umverteilung von drei Prozent von unten nach oben würde die Armut von 14 Millionen Menschen über Nacht beseitigen. Das Nachhaltigkeitsziel Nr. 1, *Beseitigung der Armut*, wäre erreicht.[42]

Und wer ist reich?

Die Grenze zwischen den ärmeren 99 Prozent und dem reichsten 1 Prozent liegt bei einem verfügbaren Einkommen von 8.000 Euro im Monat. Einkommen bis 8.000 Euro können mit normaler Arbeit erreicht werden.

Einkommen zwischen 800 und 8.000 Euro sind Einkommen, die im Wesentlichen konsumiert werden, die also Teil des Geldkreislaufs sind und damit auch Teil des Warenkreislaufs bleiben. Die Anhäufung großer Reichtümer ist mit so einem Einkommen jedoch nicht zu schaffen. Die Grenze von 8.000 Euro ist, anders als die Armutsgrenze, keine feste Größe, aber ein guter Orientierungswert.

Kommen wir zum obersten Prozent, einem Bereich, den nur wenige Menschen erreichen, der aber eine extreme Spreizung und einen entsprechend hohen Einfluss hat. Hier finden wir monatliche Einkommen von 8.000 bis 500 Millionen Euro. Je höher das Einkommen, desto höher ist der Anteil des Vermögenseinkommens, also des leistungslosen Einkommens aus Dividenden, Zinsen und Mieten. Aber bleiben wir erst mal bei der Arbeit.

Die höchsten Arbeitseinkommen erzielen Konzernvorstände mit bis zu 500.000 Euro im Monat. Ist es womöglich fair, wenn die Jungs, die wirklich hart arbeiten, auch richtig Kasse machen? Auch wenn sie 80 Stunden in der Woche arbeiten, leisten sie maximal zweimal so viel wie andere, nehmen sich aber 250-mal so viel. Mit ihrer Arbeit tragen sie zwei Karotten zum Karottenberg bei, futtern den anderen Häschen aber 500 Karotten weg. Nein, das ist nicht fair, das ist frech und extrem ungerecht.[43]

Hier geht es aber nicht nur um Säcke voll Geld oder Karotten, von denen die Dax-Vorstände überproportional viel anhäufen, sondern es handelt sich um Wohnraum, Autos, Yachten und Flugzeuge – und dazu sehr, sehr viel Energie. Das einkommensreichste Prozent verursacht 16 Prozent der CO_2-Emissionen.[44]

Kommen wir zu den Vermögenseinkommen. Hier ist die Diskrepanz aus Karottenproduktion und Karottenkonsum noch eklatanter. Da wird keine einzige Karotte produziert, aber viele Tausend werden gegessen. Damit will ich nicht sagen, dass Vermögenseinkommen grundsätzlich ein Problem sind, sie sind es, meine ich, nicht in dem Bereich, in dem sie als Einkommen konsumiert werden und solange das Geld noch im Kreis fließt. Vermögen ist, wie Arbeit und Sozialabgaben, ein Schlüssel zur Verteilung von Einkommen. Es spielt für die soziale Gerechtigkeit keine Rolle, woher die 2.000 Euro kommen, von denen ich mit 80 Jahren leben werde, aus Arbeitseinkommen, Rentenkasse oder Vermögenseinkommen. Bei sehr hohen Vermögenseinkommen taucht jedoch das Problem auf, dass die Vermögen, die dem Einkommen zugrunde liegen, exponentiell wachsen. Die Einkommen werden nicht mehr zum Leben verwendet – so viele Karotten kann keiner essen –, sondern solche Anhäufungen führen zur Verschärfung der Ungleichheit. Und auch die Umwelt leidet. Getrieben vom Renditehunger der sehr großen Einkommen wird sie von den Konzernen gefressen. Winken Einkommen in Millionenhöhe, fallen alle moralischen Grenzen.[45]

Es fällt mir nicht leicht, hier einen konkreten Vorschlag für eine obere, lebensfördernde Grenze zu ziehen. Wie viel ist genug, wie viel Ungleichheit ist notwendig und wie viel Ungleichheit ist lebensfeindlich? Diese Fragen muss eine Gesellschaft aushalten und aushandeln. Ich möchte aber dennoch einen Vorschlag wagen, auch wenn es sich dabei nur um einen Ausgangspunkt für eine Diskussion handeln kann. Mit einer konkreten Aussage kann man es eigentlich niemandem recht machen. Alle niedrigeren Einkommensbezieherinnen werden den Wert als zu hoch empfinden, alle höheren Einkommensbezieher wittern einen Skandal.

Ausgehend von einem durchschnittlichen Einkommen von 2.000 Euro ist in meinen Augen das Vierfache eine realistische Obergrenze, also 8.000 Euro im Monat. Das ist genau der Betrag, der die unteren 99 Prozent der Bürger von dem oberen einen Prozent trennt. In begründeten Fällen könnte es auch noch höhere Einkommen geben, so wäre ich auch noch mit den 24.000 Euro von unserem Bundeskanzler einverstanden.

Ein lebensförderndes, verfügbares Einkommen läge somit im Bereich von 1.200 bis 8.000 Euro im Monat. Es gäbe keine Armut mehr, und der Anreiz entfiele, die Welt der finanziellen Rendite zu opfern.

Vorschlag für eine lebensfördernde Verteilung der Einkommen

Nachdem wir uns die aktuelle Verteilung der Einkommen angesehen haben, möchte ich jetzt der Frage nachgehen, wie diese Verteilung lebensfördernder ausgestaltet werden könnte. Auch in diesem Abschnitt verstehe ich weiterhin unter Einkommen das verfügbare monatliche Einkommen einer bzw. eines einzelnen Erwachsenen.

Werfen wir zuerst einen Blick auf die Einkommensgrenzen. Eine lebensfördernde Verteilung setzt voraus, dass es keine unfreiwillige Armut mehr gibt. Das bedeutet, dass die untere Schwelle bei 1.200 Euro monatlich liegt. Weiterhin ist darauf zu achten, dass die Ungleichheit groß genug, aber nicht zu groß wird, und dass der auf das Sozialgefüge und die Umwelt schädliche Einfluss extrem hoher Einkommen begrenzt wird. Für diese obere Grenze hatte ich 8.000 Euro vorgeschlagen, also das höchste Einkommen der unteren 99 Prozent. Für absolute Spitzenjobs wären Spitzeneinkommen bis 24.000 Euro möglich. Dabei ist nicht zu vergessen, dass in Summe nur 2.000 Euro je Person verteilt werden können.

- Mindesteinkommen 1.200 Euro
- Durchschnittseinkommen 2.000 Euro
- Maximaleinkommen 8.000 Euro
- Spitzenjobs 24.000 Euro

Die Menschen können in unterschiedliche Bedarfsgruppen eingeteilt werden, welche die einzelnen Lebensabschnitte prägen. Hierzu zählen Kinder, Auszubildende, Erwerbstätige, Nichterwerbstätige und Senioren. Von diesen fünf Gruppen erhalten nur die Erwerbstätigen ein Arbeitseinkommen, alle anderen erhalten ihr Einkommen im Wesentlichen aus Transferleistungen wie Kindergeld, Bafög, Bürgergeld, Rente und Pension.

	Tätigkeit	**Anteil Bevölkerung**	**Einkommensart**
Junges Einkommen	Kita und Schule	13 %	Kindergeld
	Ausbildung	5 %	Ausbildung/Bafög
Mittleres Einkommen	Erwerbstätig	50 %	Arbeitseinkommen
	nicht erwerbstätig	5 %	Bürgergeld
Altes Einkommen	Ruhezeit	25 %	Rente
	Ruhezeit	2 %	Pension

Aktueller Bezug der Einkommen nach Alter[46]

Auch jetzt schon hat jeder Lebensabschnitt seine eigene Einkommensquelle. Sehen wir uns die einzelnen Abschnitte genauer an.

Junge Einkommen

Kinder sind junge Menschen. Um zu leben, brauchen sie persönliche Betreuung und ein Einkommen. Das Einkommen muss ausreichend sein, um die physischen, sozialen und kulturellen Grundbedürfnisse zu decken, um keinen Mangel zu erleiden, um also nicht in Armut zu leben. Für Kinder, die bei den Eltern wohnen, wird im Alter von 0–14 Jahren ein Bedarf von 400 und ab 15 Jahren von 600 Euro angesetzt. Sind die Kinder in Ausbildung und ziehen sie bei den Eltern aus, benötigen sie 1.200 Euro im Monat. Kleinere Einkommen führen entweder zu Mangel, oder die Eltern werden gezwungen, den fehlenden Betrag auszugleichen, womit sie gegenüber kinderlosen Menschen diskriminiert werden. Ich weiß, Adenauer hat gesagt: *Kinder sind Privatsache.* Ich sage: *Kinder sind unsere Zukunft!*[47]

Diese Beträge sind nicht ganz aus der Luft gegriffen. Das Konzept der SPD in Sachen Kindergrundsicherung sieht eine Erhöhung des Kindergeldes auf 400 Euro vor. Mal sehen, ob sie sich durchsetzen. Und für Studierende beträgt schon jetzt das Einkommen aus Bafög und Kindergeld 1.000 Euro, falls sie Bafög bekommen.[48]

Mittlere Einkommen

Im Alter von 20 bis 60 verbringen wir viele Jahre mit aktiver Arbeit. Durchschnittlich geht rund die Hälfte aller Menschen in Deutschland einer als Erwerbsarbeit anerkannten Tätigkeit nach. Wer eine Erwerbsarbeit hat, sollte davon auch leben können, und zwar oberhalb der Armutsgrenze. Diese Forderung ist mit einem Mindestlohn von 12,41 Euro pro Stunde erfüllt. Damit kommt man bei einer 40-Stunden-Woche auf 1.500 Euro netto. Höhere Arbeitseinkommen sind bis zu 8.000 Euro möglich. Darüber hinaus greift ein maximaler Steuersatz.[49]

In dieser Altersgruppe von 20 bis 60 Jahren finden sich aber auch acht Millionen, die keiner anerkannten Erwerbsarbeit nachgehen. Was sind das für Menschen? Da sind zuerst die Menschen, die zwar arbeiten, deren Arbeit aber nicht als Erwerbsarbeit anerkannt ist, wie Kinder betreuen, Eltern pflegen oder irgendwas mit Kunst (drei Prozent der Bevölkerung). Dann haben wir die Menschen, die aus gesundheitlichen Gründen nicht arbeiten können (zwei Prozent der Bevölkerung). Dann gibt es Menschen, die keine Arbeit haben, aber gerne arbeiten würden (zwei Prozent der

Bevölkerung). Und dann haben wir noch die Menschen, die keine Arbeit haben und auch nicht arbeiten wollen, obwohl sie das könnten (ein Prozent der Bevölkerung).[50]

Die erste Gruppe, deren Arbeit nicht als Erwerbsarbeit anerkannt wird, finde ich am spannendsten. Wieso bekommt eine Mutter (Väter mitgedacht), die ihre eigenen Kinder betreut, kein Geld dafür, die Erzieherin in der Kita aber schon? Für die gleiche Tätigkeit wird einmal ein Einkommen bezahlt und einmal nicht. Weil Kinder privat sind? Das ist lächerlich. Soziale Arbeit sollte grundsätzlich anerkannt und auch bezahlt werden, und zwar mindestens mit dem Mindestlohn, also mit 1.500 Euro im Monat netto. Der Umfang der Arbeitsstelle ist abhängig vom Alter der Kinder und von der Betreuungssituation. Sind kleine Kinder zu Hause, also nicht in der Kita, dann wäre das auf jeden Fall eine ganze Stelle. Werden die Kinder in der Kita und Schule den ganzen Tag betreut, ist vielleicht immer noch eine halbe Stelle gerechtfertigt. Und auch die Zeit, die mit der Pflege von Erwachsenen verbracht wird, zum Beispiel der alten Eltern, sollte vergütet werden. Je nach Umfang sollte bis zu einer vollen Stelle bezahlt werden, das ist allemal günstiger als eine Heimunterbringung.

Nicht ganz so einfach wie im sozialen Bereich ist die Abgrenzung, ob die Arbeit bezahlt werden sollte oder nicht, bei kultureller und künstlerischer Tätigkeit. Auf der einen Seite finde ich es notwendig und wichtig, dass künstlerische Arbeit anerkannt und ausreichend vergütet wird, auf der anderen Seite trifft das aber nicht auf jeden zu, der zu Hause Blockflöte spielt oder ein lustiges Kettensägenmassaker veranstaltet. Der Kreis der Betroffenen ist nicht sehr groß, da wirtschaftlich erfolgreiche Künstlerinnen und Künstler hiervon nicht betroffen sind. Vielleicht könnte man Jungkünstlerinnen mit einem Stipendienprogramm begleiten, das neben einem auskömmlichen Grundeinkommen auch Atelierräume und Ausstellungsflächen zur Verfügung stellt.

Für die zweite Gruppe der Menschen, die aus gesundheitlichen Gründen nicht arbeiten können, gibt es auch jetzt schon das Bürgergeld. Das ist auch richtig so, solange es mindestens auf der Höhe der Armutsgrenze liegt, also aktuell bei 1.200 Euro (inkl. der Wohnkosten).

Die nächste Gruppe sind die Menschen, die gerne arbeiten würden, aber keine Arbeit haben und auch keine finden und vom Arbeitslosenamt bewirtschaftet werden – eine demütigende Veranstaltung. Menschen werden aus der Gemeinschaft ausgeschlossen und stigmatisiert. Deswegen sehe ich es zum Schutz der Würde der Menschen als notwendig an, ein verfassungsrechtlich verbrieftes Recht auf Arbeit einzuführen. Jeder bekommt jederzeit eine regulär bezahlte Arbeit angeboten, wenn er möchte. Damit würde diese Gruppe verschwinden. Kurzfristige Arbeitslosigkeit, nach Verlust einer Arbeitsstelle, könnte für ein paar Monate finanziell überbrückt werden mit einer Unterstützung, die sich am letzten Einkommen orientiert, wie jetzt auch schon das Arbeitslosengeld I.

Die vierte Gruppe besteht aus den Menschen, die nicht arbeiten möchten, obwohl sie es könnten. Diese Gruppe hätte einen Anspruch auf einen Arbeitsplatz, aber keinen Anspruch auf finanzielle Unterstützung.

Alterseinkommen

Die Alterseinkommen sind wie die Kindereinkommen ein leistungsfreies Transfereinkommen. In diesem Bereich der Alterseinkommen befinden sich 27 Prozent der Bevölkerung, Tendenz steigend. Die meisten davon beziehen ihr Einkommen aus der staatlichen Rentenkasse, Beamte und Selbständige machen zusammen nur einen Anteil von zwei Prozent der Bevölkerung aus. Die Renten der Rentenkasse betragen aktuell 500 bis 3.000 Euro im Monat. Die durchschnittlich gezahlte Rente liegt jedoch bei 1.075 Euro und damit unterhalb der Armutsgrenze. Pensionen werden in der Höhe von 1.000 bis 3.000 Euro ausbezahlt, und Selbständige kommen, je nach Einzahlung in ihre Versorgungswerke, auf 0 bis 4.000 Euro. Viele Senioren leben in Armut, vor allem Frauen, die entweder gar nicht oder nur wenig sozialversicherungspflichtig gearbeitet und die ihre Arbeitszeit ihren kleinen und heranwachsenden Kindern gewidmet haben.[51]

Aber auch hier sollte der Grundsatz gelten, dass kein Mensch unfreiwillig in Armut lebt. Damit wäre auch hier die Basisrente bei 1.200 Euro netto im Monat. Höhere Renten könnten durch die Anrechnung der Arbeitszeit unabhängig vom Stundenlohn erfolgen, selbstverständlich bei Anerkennung sozialer und kultureller Arbeit. Damit könnte sich das Einkommen im Alter auf 2.400 Euro verdoppeln. Noch höhere Renten wären selbstverständlich möglich, wären aber in der Verantwortung der privaten Vorsorge.

Damit hätten wir ein Dreistufenmodell, ähnlich dem Vorschlag, den unsere Regierung umsetzen will:[52]

Basisrente für alle	**1.200 Euro**
+ Arbeitsrente	0 bis 1.200 Euro
+ private Vorsorge	0 bis 1.200 Euro
= Verfügbares Nettoeinkommen im Alter	1.200 bis 3.600 Euro

Die Rente ist sicher!

Ein heftiges Rauschen geht gerade mal wieder durch den Blätterwald. Der wissenschaftliche Beirat des Bundestags hat empfohlen, das Renteneintrittsalter auf 68 Jahre anzuheben. Ansonsten wäre die Rente nicht sicher. Wie eine große dunkle Wolke schiebt sich der Renteneintritt der Babyboomer vor die sonnigen Aussichten einer auch zukünftig sorgenfreien Rentenzeit. Immer mehr Rentnerinnen stehen einer immer kleineren Anzahl von Arbeitenden gegenüber. Das bedeutet, dass die Rentenbeiträge einen immer größeren Anteil des Arbeitslebens betragen und gleichzeitig die Renten immer niedriger ausfallen.

Aber was sind Renten überhaupt?

Renten sind Einkommen, die Menschen brauchen, um ihren Lebensunterhalt zu bestreiten, wenn sie keine anderen Einkommen haben. Das sind vor allem ältere Menschen, die nicht mehr arbeiten. Die Renten werden im Regelfall von der Rentenkasse ausgezahlt und entsprechend der Höhe der Einzahlungen. Die Einzahlungen sind die Pflichtbeiträge der *sozialversicherungspflichtigen Angestellten*. Der Gesamtbetrag aller Renten entspricht dem Gesamtbetrag der Einzahlung plus einem Zuschuss von aktuell 22 Prozent aus Steuermitteln. Das gesetzliche Rentensystem ist somit einfach nur eine Umverteilung von Pflichtbeiträgen und Steuern.[53]

Was passiert aber, wenn sich das Zahlenverhältnis von Arbeitenden zu Rentenempfängern verschlechtert, also immer weniger Menschen in die Rentenkasse einzahlen und immer mehr Menschen eine Rente benötigen? Im Jahr 1962 kamen auf eine Rentenempfängerin sechs Erwerbstätige, aktuell sind es zwei Erwerbstätige je Rentner, und das Verhältnis wird in der Zukunft noch ungünstiger werden. Kann das funktionieren?[54]

Die jungen Erwerbstätigen haben Angst, dass sie zu viel bezahlen müssen, die Rentnerinnen und Rentner haben Angst, dass sie zu wenig kriegen. Kommen wir kurz zu unserem Karottenberg zurück. Es geht ja doch darum, dass jeder ausreichend Karotten hat, um über das Jahr zu kommen. *Schaffen es die Erwerbstätigen, ausreichend Karotten zu produzieren?* Diese Frage können wir entspannt mit Ja beantworten. Es sind genügend Karotten für alle da. Das heißt, Diskussionen über die Sicherheit der Rente sind nur Alarm und lenken von der eigentlichen Fragestellung ab: *Wer bekommt wie viel?*

Es ist eine Verteilungsfrage und damit eine Machtfrage. Die aktuellen Rentenbeiträge und Zahlungen sind zwar sozial ausgehandelt, dem Grundsatz nach aber willkürlich. Es kann fast beliebig an der Einnahmenseite, wer zahlt ein und in welcher Höhe, und der Ausgabenseite, wer in welcher Höhe eine Rente bekommt, geschraubt werden.

Das Rentensystem ist keine geschlossene Veranstaltung, die Umverteilung greift auf das allgemeine Steuersystem zurück. Wie gesagt, der aktuelle Zuschuss aus Steuermitteln beträgt 22 Prozent. Wenn der Anteil der Einzahlerinnen sinkt, dann erhöht sich eben der Anteil der Steuermittel. Schon Norbert Blüm war sich sicher: *Die Rente ist sicher!*[55]

Eine lebensfördernde Einkommensverteilung

Das Volkseinkommen wird lebensfördernd verteilt, sodass kein Mensch mehr unfreiwillig in Armut lebt und ohne dass extrem hohe und damit lebensfeindliche Einkommen existieren. Von diesem Vorschlag profitieren 99 Prozent aller Menschen in Deutschland. Nur das einkommensreichste Prozent der Bürgerinnen und Bürger hätte etwas weniger Geld zur Verfügung, wäre aber immer noch das eine Prozent mit den höchsten Einkommen. Skizze eines Vorschlags, ganz konkret:

- Als vergütungspflichtige Arbeit zählt auch Care-Arbeit und kulturelle Arbeit. Damit haben weitere drei Prozent der Bevölkerung ein Arbeitseinkommen.
- Der Mindestlohn für Arbeit beträgt 75 Prozent des mittleren Einkommens, also 1.500 Euro netto im Monat. Damit sind weitere zwei Prozent der Bevölkerung nicht mehr auf Transferleistungen angewiesen.

- Es gibt ein Recht auf Arbeit. Damit erhalten weitere zwei Prozent der Bevölkerung eine Arbeit und damit ein Arbeitseinkommen.
- Das Transfereinkommen beträgt 60 Prozent des mittleren Einkommens, also aktuell (2023) im Monat 1.200 Euro netto.
- Das Transfereinkommen erhalten ohne Auflagen:
  - Kinder (18 Prozent der Bevölkerung)
  - Erwachsene, die nicht arbeiten können (2 Prozent der Bevölkerung)
  - Seniorinnen und Senioren (27 Prozent der Bevölkerung)
- Erwachsene, die nicht arbeiten, obwohl sie das könnten, bekommen ein Arbeitsangebot und
- keine Transferleistungen (1 Prozent der Bevölkerung)
- Einkommen über 8.000 Euro werden sehr hoch besteuert.

Bürgergeld und Grundeinkommen

An dieser Stelle möchte ich noch ein paar Anmerkungen zur Beziehung von Transferleistungen zum *Bedingungslosen Grundeinkommen* machen. Transferleistungen sind kein *Bedingungsloses Grundeinkommen*. Transferleistungen sind an die Bedingung geknüpft, dass die Menschen nicht arbeiten können und somit auch kein Arbeitseinkommen beziehen, weil sie zu jung, zu krank oder zu alt sind. Alle anderen brauchen kein Bürgergeld, wenn Care-Arbeit und kulturelle Arbeit als Erwerbsarbeit anerkannt sind und es ein Recht auf Arbeit gibt.

Der Unterschied lässt sich sehr gut am Beispiel mit dem Karottenberg verdeutlichen. Nehmen wir an, wir sind alle Hasen und das einzige, das wir zum Leben brauchen, sind Karotten. Das bedingungslose Grundeinkommen verteilt erst mal alle Karotten unter den Hasen ohne Bezug zu deren Herkunft. Die Hasenfamilie ist aber eine soziale Verantwortungsgemeinschaft, jeder Hase ist für das Wohl seiner Mithasen verantwortlich. Und alle Hasen, die nicht zu jung, zu krank oder zu alt sind, sieht man jeden Tag beim Karottenjäten. Ein bedingungsloser Karottenkonsum hebt die Verantwortung für die Gemeinschaft auf und schließt damit alle Hasen, die sich nicht am Karottenjäten beteiligen, aus der Gemeinschaft aus. Was auch immer der einzelne Hase macht, zum Beispiel ein schönes Bild malen, wird nicht als Arbeit anerkannt, seine Tätigkeit trägt nicht zum Wohl der Gemeinschaft bei. Seine Arbeit und damit sein Leben werden wertlos und damit sinnlos.

Dabei finde ich die Forderungen und Ziele, die durch ein Bedingungsloses Grundeinkommen erreicht werden sollen, freie Berufswahl und damit eine sinnvolle Arbeit, ein auskömmliches Einkommen und damit keine Existenzangst mehr, absolut berechtigt. Diese können, nach meiner Ansicht, jedoch viel besser nicht über den Ausschluss, sondern über die Öffnung und damit über die Anerkennung der Erwerbsarbeit für soziale und kulturelle Arbeit, erreicht werden. Durch ein Recht auf Arbeit. In diesen Fällen bleibt die Verantwortung des Einzelnen für die Gemeinschaft bestehen. Jeder einzelne Hase kann sich fragen: Wie kann ich zum Wohl der Gemeinschaft beitragen? Er ist ein Teil der Gemeinschaft, auch wenn er ein Bild malt, und dafür bekommt er auch sein Möhrchen.

Das komplizierte System der Verteilung und Umverteilung

Bis jetzt haben wir uns die verfügbaren Einkommen angesehen, also die Geldbeträge, die jeden Monat auf unser Konto eingehen und die wir auch jeden Monat wieder ausgeben. Die Verteilung der Einkommen erfolgt über Arbeit, Transferleistungen und Vermögen. Die Transferleistungen bestehen aus Sozialabgaben und Steuern. Nehmen wir ein kleines Beispiel: Max arbeitet als Erzieher in einer Kita. Die Kita bekommt 3.000 Euro für ihn aus Steuermitteln, davon überweist die Kita 1.500 Euro an Max, die restlichen 1.500 Euro gehen wieder direkt zurück als Steuern und Abgaben.

Es wird viel Geld bewegt, teilweise aber nur hin und her geschoben. Rund die Hälfte sind Luftbuchungen. Die direkten Abgaben auf Arbeitseinkommen betragen 40 Prozent (Arbeitgeber- und Arbeitnehmeranteile) plus noch weitere zehn Prozent indirekter Steuern. Das macht zusammen 50 Prozent. Der größte Teil der Umverteilung wird über die Arbeitseinkommen abgerechnet. Das macht menschliche Arbeit sehr teuer und aufwendig in Verwaltung und Abrechnung. Steuern und Abgaben auf Arbeit sind lebensfeindlich. Deswegen sollten wir dieses System noch einmal überdenken.[56]

Würden alle direkten und indirekten Abgaben auf Arbeit entfallen, würde sich der Transfertopf halbieren. Das bedeutet, es müsste nicht so viel Geld umverteilt werden. Über den Transfertopf laufen dann im Monat nur noch eine Billion Euro.[57]

Wie wäre es, wenn wir die Abgabenlast lebensfördernd erheben, also nur dort, wo wir uns, der Umwelt und dem Klima schaden, wenn wir also nicht das Leben, sondern den Tod besteuern? Das könnten etwa Steuern sein auf fossile Energie und Ressourcen, Landschaftsverbrauch, Pestizide, Artensterben, Alkohol, Zucker, Tabak und Smartphones.

Der Vorteil wäre, dass 400.000 Steuerberater endlich wieder mehr Zeit für die Familie hätten. Jeden Monat entfielen 40 Millionen Lohnabrechnungen. Arbeit wäre im Vergleich mit der Energie deutlich billiger, ungesundes Essen aber viel teurer. Es würde sich plötzlich rechnen, die Natur zu schonen. Alles wird gut. Aber wo ist der Haken? Tatsächlich gäbe es ein Problem, nimmt man alle Luftbuchungen aus dem System, würde das BIP sich um ein Viertel verringern. Das sähe erst mal nicht gut aus, wäre aber völlig egal.[58]

Aber was ist mit meinen Beiträgen? Was ist mit meinen Rentenzahlungen und meinen Zahlungen an die Krankenkasse? Daran würde sich überhaupt nichts ändern. Auch jetzt bezahlen Sie keinen einzigen Euro an die Krankenkasse, das macht Ihr Arbeitgeber. Diese Zahlung würde entfallen, alles andere bliebe gleich. Das wäre dann so, wie auch heute schon bei den Beamtinnen und Beamten, deren Arztrechnungen mit Steuermitteln bezahlt werden. Und die Rentenbeiträge, die Ihr Arbeitgeber an die Rentenkasse zahlt, sind ja auch nicht Ihr Geld. Das Einzige, was sie bekommen, ist ein Zettel mit ein paar Punkten darauf. Und wenn es gut läuft, bekommen Sie irgendwann einmal eine Rente ausbezahlt, in welcher Höhe auch immer. Die Berechnungsgrundlage wird laufend verändert und hat mit Ihren Einzahlungen nicht wirklich etwas zu tun. Die Anzahl der Punkte bestimmt nur Ihren Rang gegenüber den anderen Rentenempfängerinnen. Also wer bekommt welchen Anteil aus dem Topf. Die Rentenpunkte könnte man aber genauso gut anhand der Nettolöhne verteilen oder an der Arbeitszeit berechnen, wie oben beschrieben.

Es geht mir hierbei um eine gerechtere Verteilung der Einkommen und eine sinnvollere und transparentere Erhebung von Steuern und Abgaben, das würde das Leben aller Menschen und der Natur schützen und fördern.

Unser monatlicher Bedarf an Einkommen	**von**	**bis**
Aktuell	800 Euro	500 Millionen Euro
Lebensfördernd	1.200 Euro	8.000 Euro

Was kann ich tun?

- für gerechte und auskömmliche Löhne streiken
- für die Anerkennung sozialer und kultureller Care-Arbeit einsetzen

Was ist Aufgabe der Politik?

- Bürgergeld auf die Armutsschwelle anheben
- soziale und kulturelle Care-Arbeit als Arbeit anerkennen
- den Tod besteuern und nicht das Leben

Vermögen

Vermögen hat auch etwas mit Geld zu tun. Aber anders als beim Einkommen, bei dem das Geld an uns vorbei fließt, ist Geld nur dann Vermögen, wenn wir es festhalten. Steht Einkommen für einen Strom des Lebens, ist Vermögen gefrorenes Leben. Je weniger Leben wir einfrieren, desto lebendiger ist die Welt.

Der Maßstab für die Vermessung der Vermögen ist Geld. Aber auch hier entspricht der Wert des Geldes den Dingen, die wir hierfür erwerben können. Einen Olivenbaum oder einen Öltanker. Wir sprechen zwar von Geldvermögen, also von der prall mit Geldscheinen gefüllten Zigarrenkiste unterm Bett, oder den 820 Euro auf unserem Sparbuch. Vermögen sind aber auch und vor allem die ganz realen Stückchen Welt, die mir gehören oder über die ich verfügen darf. Statistisch bestehen Vermögen vor allem aus dem Besitz von Immobilien (63 Prozent), das sind Häuser und die Grundstücke, auf denen sie stehen, Betrieben (20 Prozent), Geld (15 Prozent) und Autos (2 Prozent). Also vor allem aus ganz realen, materiellen Dingen.[59]

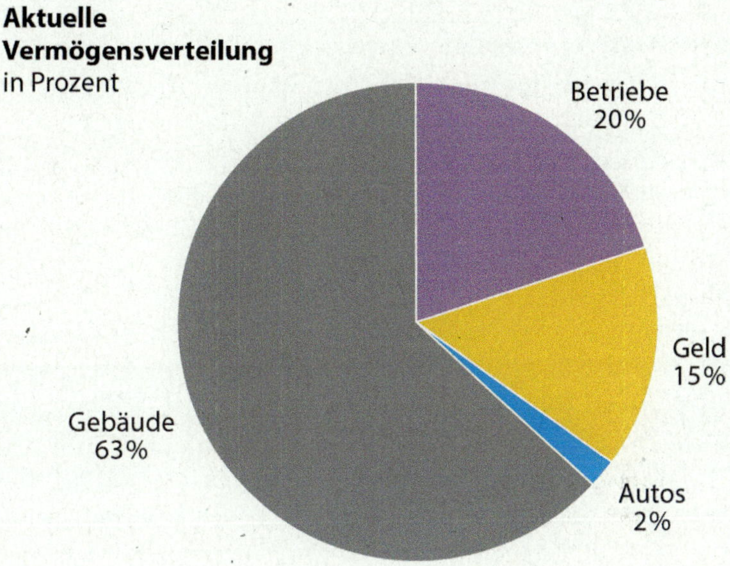

Abbildung 3c Unsere Vermögen in Deutschland bestehen aktuell im Wesentlichen aus Gebäuden, Betrieben, Geld und Autos. [Angaben in Prozent]

Die Voraussetzung für ein Vermögen ist, dass wir etwas besitzen. Eine Villa, die uns nicht gehört, ist zwar ein Vermögen, aber nicht unseres. Jedoch ist nicht aller Besitz auch Vermögen. Eine wunderschöne Muschel, die ich am Strand finde, kann ein Schatz sein, ist aber kein Vermögen. Sie ist wertvoll für mich, aber wenn die Muschel nicht auch für andere Menschen einen Wert hat, ist sie kein Vermögen. Das dritte Kriterium für Vermögen ist, dass ich es nicht brauche, um zu leben. Ganz egal, wie viel Geld ich im Monat verdiene, nur das Geld, das ich zur Seite lege, also das Geld, das ich gar nicht brauche, ist Vermögen. Hierzu zählt nicht, wenn wir eine kleine Summe ansparen, um uns etwas Schönes zu leisten, etwa wenn meine Tochter jeden Monat 20 Euro von ihrem Taschengeld spart, um sich eines Tages davon das neueste Turnschuhmodell von Alexander McQueen zu kaufen. Das ist kein Vermögen, da das Geld ja verbraucht wird.

Meine Definition: Vermögen ist das, was wir nicht brauchen.

Was sind Vermögen?

Vermögen sind Eigentum an materiellen und auch immateriellen Dingen. Materielle Dinge sind: mein Haus, mein Auto, meine Yacht und natürlich meine Firma. Dinge können aber auch Urheberrechte sein, an Kunstwerken, Büchern, Bildern, Musik und an technischen Erfindungen, also immateriell.

Vermögen sind durch das Eigentumsrecht geschützte private Aneignungen eines Stückchen Welt. Das bedeutet, über das Stückchen Welt, das mir gehört, darf ich verfügen oder es verwenden, alle anderen Menschen dürfen das nicht, sie sind hiervon ausgeschlossen. Das ist ja erst mal nicht so schlimm, solange das Vermögen mehr oder weniger, also ausreichend gleichmäßig, verteilt ist. Der eine wohnt in einer 50-Quadratmeter-Mietwohnung, sein Vermieter in einer 500-Quadratmeter-Villa – das mag ungerecht sein, gefährdet aber nicht die Existenz.

Es ist Aufgabe der Gesellschaft auszuhandeln, wem wie viel Wohnraum zusteht, wie viel Ungleichheit sie braucht, um lebendig zu bleiben, aber auch, wie viel Ungleichheit sie aushält, wer wie viel Eigentum hat und wer wem Miete bezahlt.

Unterscheiden möchte ich hier selbstgenutztes Vermögen und nicht selbstgenutztes Vermögen. Der Klassiker ist ja die ältere Dame, die kaum die Heizkosten für ihr Häuschen bezahlen kann, auch wenn das Häuschen an einem schönen See liegt und deshalb eine Million Euro wert ist. Ein Eigentum, also Vermögen, das der Befriedigung unserer Grundbedürfnisse dient, zum Beispiel dem Wohnen, sehe ich nicht als richtiges Vermögen. Wir rechnen ja unsere Socken auch nicht zu unserem Vermögen, selbst wenn sie ganz neu und von Boss sind. Neben Wohnraum betrifft diese Art des selbstgenutzten Vermögens vor allem durchschnittlich teure Autos. Nennen wir dieses lebensfördernde Vermögen *Konsumvermögen*. Die Höhe dieses Vermögens kann ziemlich schwanken. Der größte Posten ist dabei die selbst genutzte Wohnung. So bekommt man ein altes Haus auf dem Lande schon ab 100.000 Euro, für eine Wohnung in der Stadt werden aber bis zu einer Million Euro verlangt. Also definieren wir großzügig: *Konsumvermögen ist alles selbstgenutzte Vermögen bis eine Million Euro.*[60]

Haben wir Vermögen, das wir nicht selber nutzen, also zum Beispiel eine Aktie von Rheinmetall, bekommen wir, wenn es gut läuft für Rheinmetall, eine Dividende ausbezahlt, und der Wert der Aktie steigt und steigt und steigt. Wir bekommen ein leistungsloses Einkommen. Das Vermögen dient hier der Einkommensverteilung, wie sonst die Arbeit und die Abgaben auf Arbeit. Wird dieses Einkommen konsumiert, bestreiten wir damit unseren Lebensunterhalt, wie eine Rente. Auch hier ist es Aufgabe der Gesellschaft, auszuhandeln, wie akzeptabel die ungleichen Vermögen und damit die leistungslosen Einkommen sind. Bleibt es im normalen Rahmen der Einkommen, bleibt es lebensfördernd. Hierfür verwende ich den Begriff *Rentenvermögen*. Nehmen wir die gleiche Obergrenze wie beim Einkommen, also 8.000 Euro im Monat, dann entspricht das einem Vermögen von zwei Millionen Euro. Hiervon ist jedoch das Konsumvermögen abzuziehen, verbleiben also ein bis zwei Millionen Euro frei verfügbares Rentenvermögen.[61]

Sehr große Vermögen müssen auch kein Problem sein. Hat eine Genossenschaft mehrere Mietshäuser, dann hat sie leicht ein Vermögen von mehreren 100 Millionen Euro. Hiervon profitieren die Mieterinnen und Mieter, die oft selber kein eigenes Vermögen besitzen, durch niedrige Mieten und faire Verträge. Die Genossenschaft investiert die Mieten wieder direkt in die Gebäude. Alle sind glücklich. Solche Vermögen sind lebensfördernd. Ich bezeichne Sie als *Gemeinwohlvermögen*. Theoretisch sind diese Vermögen nach oben hin unbegrenzt. Da sie gemeinwohlorientiert sind, richten sie auch keinen Schaden an. Zumindest so lange nicht, wie sie nicht missbraucht werden, um Privatinteressen durchzusetzen, wie es etwa viele große Firmenstiftungen machen. Da das Gesamtvermögen aller privaten Stiftungen in Deutschland jedoch nur 0,5 Prozent des Privatvermögens ausmacht, möchte ich hier keine Obergrenze vorschlagen.[62]

In Schieflage gerät das Konzept des Privatvermögens durch das Recht, aus Vermögensbesitz sehr viel Geld einzustreichen, ohne hierfür eine Gegenleistung zu erbringen. Das ist der Fall, sobald dieses leistungslose Einkommen den privaten Konsum übersteigt und dadurch einfach nur weiterwächst. Mittlere Vermögen wachsen um fünf Prozent im Jahr, große Vermögen um bis zu zehn Prozent. Das bedeutet, das sich diese großen Vermögen alle sieben Jahre verdoppeln! Sie wachsen exponentiell, was bedeutet, sie wachsen immer schneller. Doch woher kommt dieser Vermögenszuwachs? Hierfür gibt es drei Quellen: durch Aneignung bisher noch nicht privatisierter Dinge, also durch die Ausweitung der Konsumzone, durch

Übernahme fremden Eigentums und durch Abgaben auf Einkommen, wie Mieten, und vor allem aus dem Besitz von Unternehmen in Form von Dividenden. Menschen ohne Vermögen finanzieren Menschen mit Vermögen. Arme Menschen werden ärmer, reiche Menschen werden reicher. Nennen wir diese lebensfeindlichen Vermögen *Katastrophenvermögen*, denn sie führen aufgrund des eingebauten Wachstumszwangs unweigerlich in die Katastrophe. Katastrophenvermögen sind demnach alle privaten Vermögen, die zwei Millionen Euro übersteigen.[63]

Wofür brauchen wir Vermögen?

Ausgehend von der Definition, dass Vermögen das ist, was wir nicht verbrauchen, gehe ich davon aus, dass wir Vermögen nicht brauchen. Das heißt aber nicht, dass wir kein Eigentum haben sollten. Es spricht nichts dagegen, dass wir alles, was wir benötigen, um unsere Grundbedürfnisse zu befriedigen, auch selber besitzen. Es spricht sogar viel dafür, gleichgültig ob das Haus, in dem ich wohne, mir gehört oder einer Genossenschaft, an der ich beteiligt bin. Es bedeutet nur, dass wir kein privates Vermögen brauchen, das wir nicht im normalen Rahmen konsumieren können.

Große Vermögen sind dann sinnvoll, wenn sie gemeinnützig gesellschaftliche Aufgaben übernehmen. Gestern bin ich in Potsdam durch einen großen Park geschlendert. Dort standen tolle alte Gebäude. Diese Gebäude gehören der *Stiftung Preußische Schlösser und Gärten*. Die Stiftung verwaltet ein riesiges Vermögen – zum Wohle aller.[64]

Es gibt auch große Vermögen in Privatbesitz, die dem Gemeinwohl verpflichtet sind. Viele soziale und kulturelle Projekte sind davon abhängig. Allerdings stellt sich dann immer auch die Frage, welche Agenda hier verfolgt wird, wer entscheidet, für was das Geld ausgegeben wird. Die größte deutsche private Stiftung ist die Robert-Bosch-Stiftung mit einem Vermögen von 5,5 Milliarden Euro. Ihr Geld bekommt sie von der Firma Robert Bosch GmbH, die produziert vor allem Autoteile.[65]

Woher kommt das Vermögen?

Richtig große Vermögen entstehen durch Aneignung fremden Besitzes, durch Aneignung fremder Arbeitsleistung und durch sittenwidrige Geschäfte.

Die Aneignung fremden Besitzes kann *friedlich* erfolgen, durch Privatisierung *freien* Vermögens, wie das Einzäunen von Gemeinschaftswiesen oder durch die Erfindung von Patenten. Oft ist die Aneignung aber gewaltsam, wie die Geschichte zeigt, zum Beispiel die Geschichte der Kolonialisierung. Heute lösen wir das Problem wesentlich eleganter mittels Handelsverträge.

Die Arbeit anderer Menschen auszubeuten war schon immer eine gute Möglichkeit, ein Vermögen anzuhäufen. Der Erfolg der ersten Demokratien beruhte darauf, dass die griechischen Senatoren Zeit und Muße hatten, um sich endlosen Debatten zu widmen, während die alltägliche Arbeit von Sklaven geleistet wurde. Auf jeden freien Menschen kamen zehn Sklaven. Heute haben wir keine Sklaven mehr, wir haben Mitarbeiterinnen und Mitarbeiter. Auf jeden reichen Menschen kommen 50 Mitarbeitende.[66]

Die schnellste und einfachste Art, reich zu werden, gelingt jedoch mit der Ausweitung der Handelsspanne, also mit dem Handel extrem überteuerter Waren und Dienstleistungen unter Ausnutzung manipulierter Märkte. Immer mehr Wirtschaftsbereiche sind monopolartig strukturiert. Weltweit vertreiben zehn Konzerne 90 Prozent aller Lebensmittel, angeführt von Nestlé mit einem Jahresumsatz von 97 Milliarden Euro.[67]

Im Regelfall entstehen die ganz großen Vermögen durch die Kombination der drei Aneignungsstrategien. Geplünderte Rohstoffe werden durch Lohnsklaven verarbeitet und dann überteuert verkauft. Microsoft hatte 2023 eine Umsatzrendite von 42 Prozent.[68]

Theoretisch hat jeder die Möglichkeit, sich selber ein Vermögen aufzubauen. Die allermeisten großen Vermögen werden jedoch vererbt.

An dieser Stelle möchte ich ausdrücklich betonen: Hiermit sind nicht die Handwerksbetriebe und Selbständigen gemeint, die sich in ihrem Leben mit ehrlicher Arbeit ein paar Millionen erwirtschaften und ohne sittenwidriges Verhalten einen großen Betrieb aufbauen. Vielmehr sind nur sehr große, leistungslose oder kriminell erworbene Vermögen gemeint.

Aber ganz egal, wie groß ein Vermögen ist, handelt es sich bei ihm immer um ein einzigartiges Stück Welt, das kein anderer haben kann. Hat einer zu viel, haben andere zu wenig.

Die aktuelle Verteilung

Auch Vermögen sind ungleich verteilt, sogar noch viel ungleicher als Einkommen. Das liegt daran, dass es auf der einen Seite viele Menschen gibt, die überhaupt kein Vermögen besitzen, auf der anderen Seite Menschen mit unvorstellbar großem Vermögen, Menschen, die reicher sind als ganze Länder. Aktuell (2023) ist Herr Arnault mit 220 Milliarden der reichste Mensch der Welt.[69] Dem reichsten Deutschen sind wir schon begegnet, Herrn Schwarz mit seinen mickrigen 46 Milliarden. Damit ist der Unterschied in Deutschland zwischen dem kleinsten und dem größten Vermögen, 0 zu 46.000.000.000 Euro, wesentlich größer als der Unterschied zwischen den kleinsten und größten Einkommen. Vermögen sind 100.000-mal ungleicher verteilt als Einkommen.[70]

Das Gesamtvermögen in Deutschland beträgt laut Statistischem Bundesamt im Jahr 2023 20 Billionen Euro. Teilt man diesen unglaublichen Betrag durch alle Menschen, ergibt sich ein durchschnittliches Vermögen von 240.000 Euro pro Kopf. Der Mensch in der Mitte der Vermögensverteilung hat jedoch nur 70.000 Euro.[71]

Die ärmere Hälfte hat zusammen überhaupt kein Vermögen (Vermögen und Schulden heben sich gegenseitig auf). Unterhalb des Durchschnittswertes von 240.000 Euro finden sich drei Viertel der Einwohnerinnen und Einwohner, sie haben zusammen weniger als der Durchschnitt, ein Viertel hat mehr. Und ab einem Vermögen von zwei Millionen Euro gehört man zum reichsten einen Prozent. Bewegen sich 99 Prozent aller Menschen im Bereich von 0 bis zwei Millionen, erstreckt sich das Vermögen des obersten Prozentes von 2 bis 46.000 Millionen.[72]

Den größten Anteil am privaten Vermögen haben Immobilien. Diese teilen sich auf in die selbstgenutzten Gebäude und Wohnungen, also in *Konsumvermögen*, und in vermietete Immobilien, dem *Rentenvermögen*. Insgesamt besitzen nur ein Drittel der Menschen in Deutschland selbst genutztes Wohneigentum, das ist die niedrigste Eigentumsquote in der EU. Vermietete Immobilien besitzen neun Prozent der Bevölkerung. Das bedeutet, die ärmsten zwei Drittel bezahlen Miete an die reichsten neun Prozent der Bevölkerung.[73]

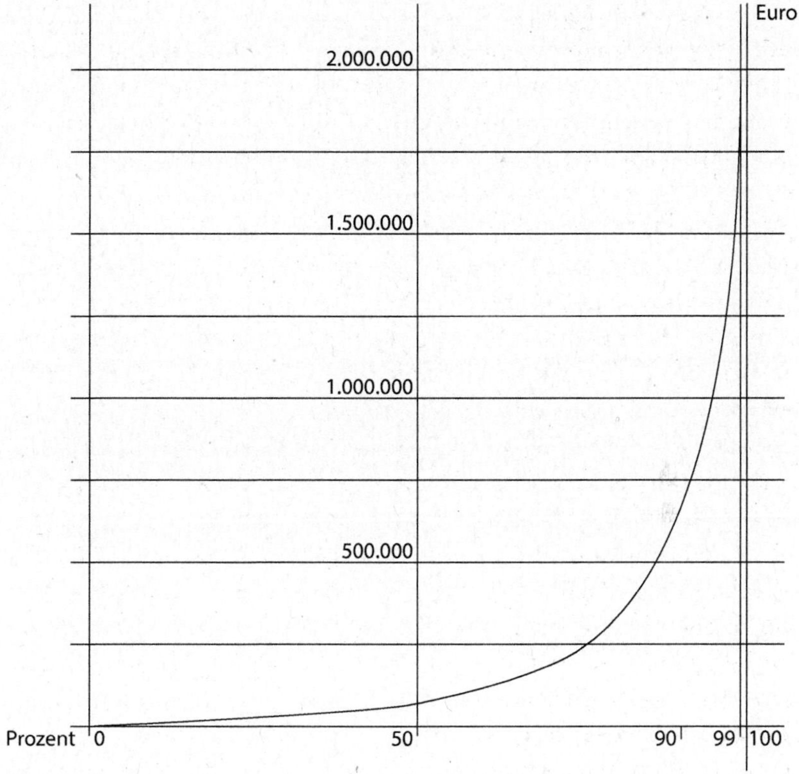

Abbildung 3d Verteilung der aktuellen Vermögen ohne Berücksichtigung des reichsten Prozents. [Angaben in Euro]

Die Verteilung des Betriebsvermögens ist noch ungleicher. Nur vier Prozent besitzen Betriebsvermögen. Bei dem vermögendsten Prozent der Bevölkerung ist das Betriebsvermögen der größte Posten mit rund 60 Prozent. Da die Betriebsvermögen eine mittlere Rendite von fünf Prozent erwirtschaften, bezahlen auch hier die ärmeren 96 Prozent jeden Monat fünf Prozent ihrer Konsumausgaben an die vier Prozent Reichsten.[74]

Die Geldvermögen sind zwar sehr breit verteilt, also bei der oberen Hälfte, aber auch hier haben wir wie bei allen Vermögensarten eine extreme Konzentration an der Spitze. Das reichste eine Prozent besitzt 30 Prozent des Geldvermögens. Und wer hat, dem wird gegeben. Zinsen und Renditen, die von allen erwirtschaftet werden müssen, die arbeiten, gehen auch hier wieder an die reichsten Haushalte.[75]

Ein Auto besitzen zwei Drittel der Haushalte. Aber nur bei den ärmeren 50 Prozent stellt das Fahrzeug auch einen nennenswerten Anteil von zwölf Prozent des Vermögens dar. Das liegt nicht daran, dass die ärmeren Haushalte die teureren Autos fahren, sondern daran, dass die ärmeren Haushalte sonst fast nichts besitzen. Wie gesagt, die ärmere Hälfte hat in Summe kein Vermögen, denn bei ihnen heben sich Schulden und Vermögen gegenseitig auf.[76]

Ungleichheit und Wachstumszwang

Wie wir gesehen haben, sind die Vermögen extrem ungleich verteilt. Die ärmere Hälfte der Menschen in Deutschland hat überhaupt kein Vermögen. Jeweils ein Drittel, also 6,7 Billionen Euro, entfallen auf die 40 Prozent oberhalb der Mitte, auf die dann folgenden neun Prozent und auf das oberste eine Prozent. Teilt man jedes Drittel durch die Anzahl der beteiligten Menschen, erhält man das folgende Bild:[77]

Die Realität ist aber noch dramatischer. Der reichste Mann Deutschlands hat nämlich noch einmal 6.000-mal mehr Vermögen als der Durchschnitt des reichsten Prozents. Warum ich das hier nicht in das Diagramm zeichne? Nehmen wir mal an, der Balken mit den acht Millionen wäre zehn Zentimeter hoch, dann wäre der Balken mit den 46 Milliarden 600 Meter hoch, also so hoch wie ein sehr hohes Hochhaus. Jetzt halten Sie mal dieses Buch im Querformat neben ein Hochhaus, dann wird das Problem deutlich. Vermögensunterschiede in dieser Größenordnung sind einfach absurd.[78]

Aber was wäre normal, was für Vermögensunterschiede wären lebensfördernd? Die beiden Extreme sind – genau wie bei den Einkommen –, dass alle gleich viel haben oder einer alles hat. Beide Extreme sind lebensfeindlich. Die richtige Antwort liegt irgendwo dazwischen.

Abbildung 3e Aufteilung des Gesamtvermögens von 20 Billionen Euro (2023) in drei gleiche Teile und Darstellung des jeweiligen Durchschnittsvermögens der drei Bereiche. Die ärmere Hälfte hat kein Vermögen. [Angaben in Euro]

Tasten wir uns zuerst an die untere Grenze heran. Kann es akzeptabel sein, wenn Menschen überhaupt kein eigenes Vermögen besitzen? Tatsächlich würde ich sagen: Ja! Kinder zum Beispiel kommen sehr gut ohne eigenes Vermögen zurecht. Sie werden von anderen Menschen mit allen Dingen versorgt, die sie zum Leben brauchen. Das trifft auch auf alle anderen Menschen zu, die ein auskömmliches Einkommen haben. Persönliches Vermögen, das unseren Eigenbedarf übersteigt, ist etwas, das wir nicht wirklich brauchen.

Bei der oberen Grenze ist es, genau wie bei den Einkommen, nicht so leicht, eine konkrete Zahl zu nennen. Die Vermögensgrenze zwischen den ärmeren 99 Prozent und dem reichsten Prozent liegt bei zwei Millionen Euro. Diese entsprechen einem verfügbaren Einkommen von 8.000 Euro im Monat und damit der oberen Grenze, die ich für die Einkommen vorgeschlagen hatte. Diese zwei Millionen Euro sind auch die Summe aus *Konsumvermögen* und *Rentenvermögen*. Die Verteilung spielt dabei keine Rolle, denn entweder wohne ich selber in meinem Haus, dann spare ich mir die Miete, oder ich vermiete mein Haus und miete für mich eine Wohnung an einem anderen Ort. Ich finde diese Grenze von zwei Millionen auch deswegen charmant, weil Vermögen bis zu dieser Höhe nicht von selber weiterwachsen, größere Vermögen aber schon. Das bedeutet aber nicht, dass ich Vermögen in dieser Größenordnung als gerecht empfinde, sondern dass ich Vermögen bis zu dieser Größe nicht als Gefahr für den sozialen Zusammenhalt der Gesellschaft sehe.[79]

Bevor wir uns der Frage nach der lebensfreundlichen und lebensfeindlichen Ungleichheit zuwenden, möchte ich erst noch etwas genauer auf die Problematik der sehr hohen Vermögen eingehen. Wieso sind sehr hohe Vermögen ein Problem?

Da haben wir zuerst einmal die Frage der Gerechtigkeit: Wieso darf ein Mensch tausend- oder millionenfach mehr von dieser begrenzten Welt besitzen als ein anderer? Das ist schwer zu begründen. Sehr große Vermögen sind jedoch nicht nur von der Höhe her ungerecht, sondern vor allem strukturell. Hohe Vermögen bedeuten nicht nur sehr viel Geld, sondern extrem viel Macht. Diese Macht hat drei Facetten:

- Zuerst ist da natürlich die reine Kaufkraft. Wer bekommt das schöne Haus am See? Genau – der es sich leisten kann.

- Dann haben reiche Menschen die Möglichkeit, Einfluss auf gesellschaftliche Entscheidungen auszuüben und damit die Demokratie zu untergraben. Im Deutschen Bundestag sind offiziell 28.000 Lobbyisten registriert. Zusammen kosten sie uns zwei Milliarden Euro im Jahr. Wer bezahlt das? Und wieso kann sich Olaf Scholz nicht mehr an die Treffen mit den kriminellen Bankern der Warburg Bank erinnern?[80]
- Drittens ist das Recht problematisch – und die Macht, dieses Recht durchzusetzen –, für das Vermögen eine Rendite zu verlangen und zu bekommen. Allein der Vermögensbesitz rechtfertigt die Aneignung weiteren Vermögens ohne Gegenleistung. Wie gesagt, durchschnittlich wachsen Vermögen jedes Jahr um fünf Prozent, hohe Vermögen um zehn Prozent und sehr hohe um 15 Prozent. Das bedeutet, dass das reichste Prozent sein Vermögen nach 15 Jahren verachtfacht hat, während die ärmeren 99 Prozent ihren Anteil in der gleichen Zeit gerade mal verdoppeln konnten. Immer mehr und immer schneller wird Geld von unten nach oben verteilt.[81]

Aber wie funktioniert die Umverteilung von unten nach oben? Den größten Anteil, mit zwei Dritteln vom Gesamtvermögen, haben Immobilien. Die Hälfte davon sind Wohngebäude, die andere Hälfte Nichtwohngebäude, also vor allem Büros und Gewerbe. Laut Statistik wohnt über die Hälfte der Menschen in Deutschland in der eigenen Wohnung. Aber das stimmt nicht. Denn viele dieser Menschen sind nur Mitbewohner der Eigentümerin, insbesondere die Kinder. Real besitzt nur ein Drittel der Bevölkerung Wohneigentum. Das bedeutet, zwei Drittel wohnen in einer Wohnung, die ihnen nicht gehört. Die durchschnittliche Miete beträgt ein Viertel bis die Hälfte des verfügbaren Einkommens und ist somit der größte Posten von allen Ausgaben. Hiervon benötigt der Vermieter einen Teil für die Bewirtschaftung und Erhaltung des Gebäudes, den anderen Teil bekommt er ohne Gegenleistung. Der Rest des Einkommens wird konsumiert. Daran verdient der Händler, die Großhändlerin, die Konservenfabrik, der Fischer und die Bank.

Wie schon gesagt, teilt man das deutsche Gesamtvermögen von 20 Billionen Euro durch die Bevölkerung, dann erhält man das durchschnittliche Vermögen von 240.000 Euro. Das bedeutet, bei einem jährlichen Vermögenszuwachs von fünf Prozent, dass jeden Monat das durchschnittliche Vermögen von jedem Menschen um 1.000 Euro größer wird. Sollten Sie kein Vermögen besitzen und also auch kein Einkommen aus Vermögen erhalten, dann bekommt Ihr Vermögenseinkommen jemand anderes. Das bedeutet, dass die Menschen ohne Vermögen die Menschen mit Vermögen jeden Monat mit 1.000 Euro unterstützen. Das ist die Hälfte des mittleren verfügbaren Einkommens.

Ist das ungerecht? Nein, das ist krank.[82]

Aus dem Lebensstrom, dem Konsumstrom, wird jeden Monat die Hälfte des Geldes abgezweigt, um die Vermögen der Vermögendsten weiter zu vergrößern. Sind die Vermögen schon sehr ungleich verteilt, dann ist die Verteilung der leistungslosen Einkommen aus Vermögen noch viel ungleicher. Der Gewinn geht an den Gewinner, zwei Drittel des Vermögenszuwachses gehen an das reichste Prozent, also doppelt so viel wie ihnen nach der Vermögensverteilung zustehen sollte. Der Vermögenszuwachs der neun Prozent darunter entspricht ihrem Vermögensanteil von einem Drittel. Das bedeutet, dass der Vermögenszuwachs des reichsten Prozents der Bevölkerung von den ärmeren 90 Prozent erwirtschaftet wird.

Aber auch die oberen neun Prozent gehören zu den Verlierern. Denn im Verhältnis wächst ihr Vermögen nur halb so schnell. Das bedeutet, nach 17 Jahren sind sie nur noch halb so reich wie das oberste Prozent.

Statistisch lässt sich das auch ganz leicht begründen. Da ja die Hälfte der verfügbaren Einkommen Vermögenseinkommen sind, bedeutet das, wenn Sie nicht die Hälfte Ihres Einkommens aus Vermögen beziehen, zahlen Sie drauf. Es profitieren andere, gleichgültig, wie hoch Ihr verfügbares Einkommen ist.

Zwei Beispiele:

- Otto hat kein Vermögen, aber ein verfügbares monatliches Einkommen von 2.000 Euro. Das bedeutet, dass er jeden Monat einen reichen Menschen um 1.000 Euro reicher macht.
- Anna hat ein Vermögen von 500.000 Euro und ein verfügbares monatliches Einkommen von 8.000 Euro. Das Einkommen setzt sich zusammen aus Arbeitseinkommen von 6.000 Euro und einem Vermögenseinkommen von 2.000 Euro. Da die Hälfte von 8.000 Euro 4.000 Euro sind, macht auch Anna jeden Monat einen reicheren Menschen um 2.000 Euro noch reicher.

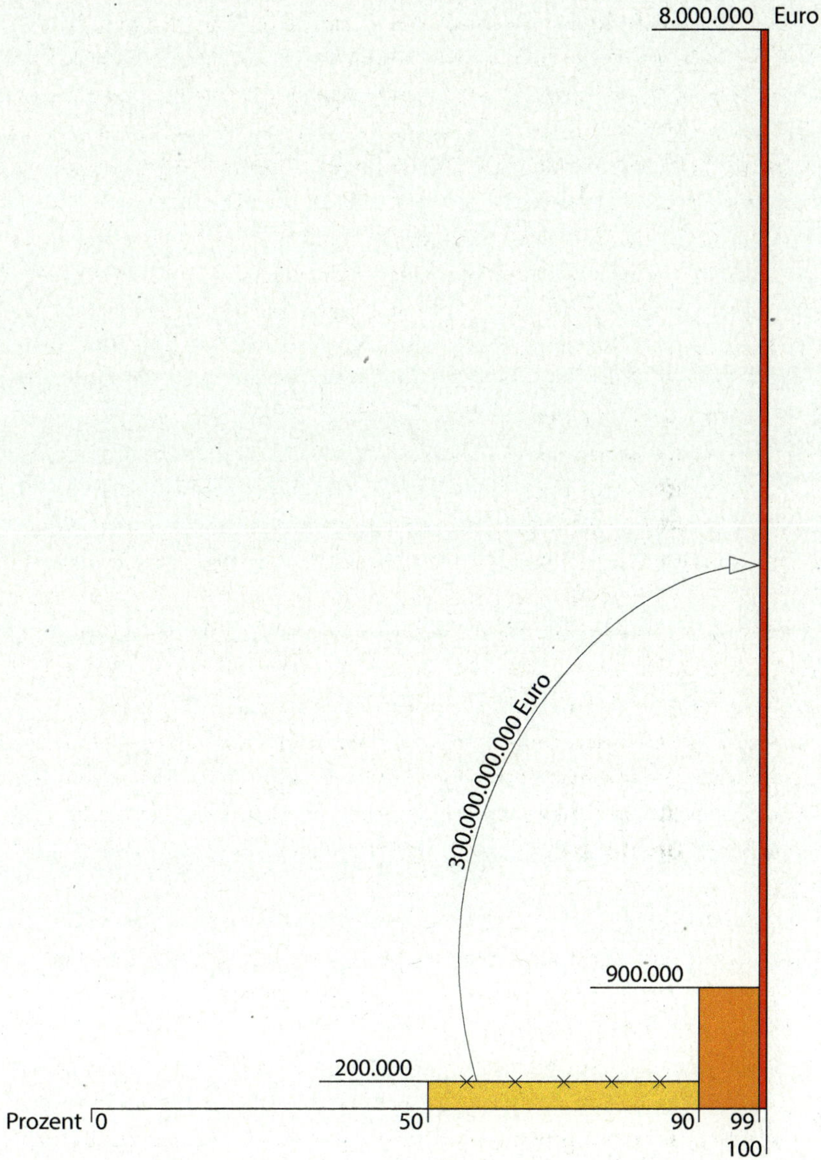

Abbildung 3f Jedes Jahr werden Vermögen in Höhe von 300 Milliarden von unten nach oben verteilt. [Angaben in Euro]

Vermögende werden also vor allem dann noch reicher, wenn sie für ihr Einkommen nicht selber arbeiten, sondern sie lieber andere für sich arbeiten lassen.

Das Problem der Vermögen

Ich muss ganz ehrlich zugeben, ich hatte mir das nicht ganz so schlimm vorgestellt. Erst bei der Recherche zu dieser Thematik wurde mir das Ausmaß des krassen Ungleichgewichts der Vermögen und der damit verbundenen Auswirkungen auf unser Wirtschaften bewusst. Und ich war erst einmal ratlos. Wenn ich mit jedem Euro, den ich mit meiner Arbeit verdiene, die Vermögensungleichheit um einen halben Euro vergrößere, dann sollte ich vielleicht besser nicht mehr arbeiten.

Was mich vor allem aber wunderte: Wieso war mir die Dimension des Problems bis jetzt nicht aufgefallen, obwohl ich mich schon lange mit sozialer Ungleichheit beschäftige? Mir scheint, dass es vor allem daran liegt, dass rund um diese Thematik jede Menge Nebelkerzen brennen und dadurch die Sicht sehr getrübt ist. Zentrale Nebelkerzen sind irreführende Verwendung des Begriffs *Vermögen*, irreführende Verwechslung der Begriffe *Einkommen* und *Vermögen* und die Unsichtbarkeit des reichsten Prozentes der Bevölkerung.

- **Irreführende Verwendung des Begriffs Vermögen**
  Im Begriff *Vermögen* steckt ja *etwas zu vermögen* im Sinne von *die Möglichkeit* haben, etwas zu unternehmen. Das kann ja nur Vermögen sein, über das ich frei verfügen kann. Damit können nicht Dinge gemeint sein, die ich zum Leben brauche, also Pizza und bunte Socken oder auch ein altes, hässliches Auto und eine kleine, abgerockte Wohnung – also Dinge, die ich konsumiere, um zu überleben. Solche Dinge als Vermögen zu bezeichnen, ist falsch. Warum wird es dann genau so gemacht? Ich behaupte, um zu verschleiern. Erstens täuscht es über die Tatsache hinweg, dass fast niemand, also 99 Prozent, überhaupt kein richtiges Vermögen haben, und zweitens vertuscht es die Tatsache, dass richtig große Vermögen renditehungrige Monster sind.
- **Irreführende Verwechslung der Begriffe Einkommen und Vermögen**
  Die Begriffe *Einkommen* und *Vermögen* werden willkürlich vermischt, gerne im Zusammengang mit der Armuts- und Reichtumsdiskussion. So

wird jemand schon als reich bezeichnet, wenn er ein Einkommen von 3.000 Euro hat, aber kein Vermögen. Dagegen gelten Menschen mit niedrigem Einkommen als arm, auch wenn sie Millionen auf dem Konto haben. Wem das hilft? Da jede und jeder ein Einkommen hat und dadurch als ein klein wenig reich dargestellt werden kann, lenkt das von der Tatsache ab, wer wirklich reich ist, also von dem reichsten einen Prozent.

- **Die Unsichtbarkeit des reichsten Prozentes**
  Das reichste eine Prozent ist so gut wie unsichtbar. Das fängt schon bei der offiziellen staatlichen Statistik an, dort wird das reichste Prozent einfach nicht berücksichtigt. Und auch wem unser wunderschönes Land gehört, wird von den Grundbuch- und Finanzämtern geheim gehalten. Auch die Medien halten sich vornehm zurück. Dort werden zwar jede Menge Promidramen breitgetreten – ich sage nur Familie Geiss –, aber auch das dient, so sehe ich das, vor allem der Ablenkung.

Abhelfen würde diesem extremen Ungleichgewicht eine Absenkung der Vermögensrendite unter die Höhe des jährlichen Wirtschaftswachstums, die Kappung der privaten Vermögen bei zwei Millionen oder die Ausstattung aller mit Vermögen. Oder, noch besser, eine Kombination aus allem, also die Umverteilung von oben nach unten. Die Reduzierung der Rendite und die Kappung der Vermögen funktionieren am einfachsten mit Steuern, Einkommens-, Vermögens- und Erbschaftssteuern. Die Instrumente sind alle vorhanden.

Den Hebel für die Erhöhung der Vermögensquote sehe ich vor allem im Wohneigentum. Würden alle ihre Wohnung selber besitzen, wäre schon die Hälfte des Problems gelöst. Ist das utopisch? Und wie soll das gehen? Ganz einfach, alle Mieterinnen und Mieter bekommen ein Kaufrecht für ihre Wohnung, der Kaufpreis liegt beim Zehnfachen der Jahreskaltmiete. Abgesichert wird der Kauf über eine staatliche Bürgschaft. Statt dass jeder und jede einzeln kauft, wäre auch gemeinschaftliches Eigentum zum Beispiel in Genossenschaften sinnvoll. Eine andere Lösung wäre, Wohnen als gemeinnützig einzustufen. Damit wäre dann keine Gewinnerzielung aus Wohnen mehr möglich.

Eine komplette Angleichung der Vermögen würde bedeuten, dass neben den Wohnungen auch alle Betriebe vergesellschaftet werden. Das halte ich nicht für sinnvoll. Wer einen Betrieb aufbaut, soll auch davon profitieren. Wird ein Betrieb jedoch vererbt, dann sollten die Mitarbeiterinnen und Mitarbeiter davon profitieren, denn sie haben den Betrieb aufgebaut.

Die Aussage, dass Vermögen das ist, was wir nicht brauchen, ist nur dann richtig, wenn sie gleichzeitig für alle gilt, wenn also niemand Geld zur Seite räumt. Da die Welt aber so nicht funktioniert, sollte es, ähnlich wie bei den Einkommen, ein Grundvermögen für alle geben. Zum Beispiel in Form von Wohneigentum oder Firmenbeteiligungen. Dies könnte die Hälfte des Durchschnittsvermögens betragen, also 120.000 Euro. Das wäre dann so etwas wie die Armutsgrenze für Vermögen.

Vision einer lebensfördernden Vermögensstruktur

Meine Vision ist eine Vermögensverteilung zum Wohle aller Menschen, Tiere und Pflanzen, eine lebensfördernde Vermögensverteilung. Hierfür ist es notwendig, die zerstörerische Kraft großer Vermögen zu bändigen. Als ersten Schritt möchte ich vorschlagen, den Begriff *Vermögen* nicht mehr auf allen Besitz anzuwenden, sondern nur auf solche Vermögen, die nicht zum Konsum und Lebensunterhalt beitragen, also auf alle Vermögen, welche die Grenze zwischen den unteren 99 Prozent und dem oberen einen Prozent übersteigt. Wie gesagt: Alte, gebrauchte, hässliche Autos sind kein Vermögen.

Immobilien

Der größte Vermögensanteil sind die Immobilien. Wohnen ist ein Grundbedürfnis der Menschen. Deshalb sollte Wohnen erstens als gemeinnützig eingestuft und zweitens jeder und jedem ermöglicht werden, selber Wohneigentum in Form von Einzel- oder Gemeinschaftseigentum zu erlangen. Mit diesen beiden leicht umzusetzenden Vorhaben wäre schon die Hälfte des gesamten Vermögens eingehegt. Das würde bedeuten, dass jeder Mensch mindestens ein Drittel des Durchschnittsvermögens besitzen würde, was dem aktuellen Median entspricht.

Betriebsvermögen

Die größten Vermögen sind Betriebsvermögen. Die meisten davon wurden nicht selbst erwirtschaftet, sondern geerbt, also leistungslos erworben. Zudem richten genau diese *Katastrophenvermögen* den größten Schaden an, sozial und ökologisch.

Wie wäre es, wenn Betriebsvermögen oberhalb des Mittelstandes im Erbfall an einen Staatsfonds fallen? Oder wenn Konzerne ihre Steuern in Form von einem Prozent ihrer Aktien pro Jahr an diesen Staatsfonds übertragen? Dieser Fonds könnte dann die Gewinne wieder zum Wohl der Gesellschaft einsetzen. Das wäre doch besser, als wenn unsere gemeinsam erwirtschafteten Gewinne an norwegische oder chinesische Staatsfonds oder amerikanische Heuschrecken gehen. Oder?

Von einer Umverteilung eines Drittels des Gesamtvermögens von oben nach unten würden 99 Prozent aller Menschen profitieren. Das reichste Prozent wäre dann immer noch das reichste Prozent, hätte aber nicht mehr die Möglichkeit, unsere Erde zu ruinieren.

Vermögen und Verantwortung

Große Vermögen sind nicht neutral, sie haben eine große Kraft, und diese Kraft kann viel Gutes bewirken – oder sehr viel zerstören. Es liegt in der Verantwortung des Eigentümers, wie und für was er sein Vermögen einsetzt. Es liegt aber genauso in der Verantwortung der Gesellschaft und damit bei den von uns gewählten Politikerinnen, das Wachstum und die Verwendung der Vermögen mit Steuern und Gesetzen zu regulieren.

Ganz konkret geht es um zwei Maßnahmen: Erstens die Ungleichheit zu begrenzen, zweitens Vermögen nur noch zur Lebensförderung zu verwenden.

Unser Bedarf an Vermögen	von	bis
Aktuell	0 Euro	50 Milliarden Euro
Lebensfördernd	120.000 Euro	2.000.000 Euro

Was kann ich tun?

- politisch aktiv werden
- Geld, das ich nicht brauche, spenden

Was ist Aufgabe der Politik?

- sehr hohe Vermögen sehr hoch besteuern
- alle Konzerne vergesellschaften

Geld

Auf struktureller Ebene ist Geld eine Vereinbarung zwischen Menschen. Dabei kann es die Form einer physischen Ware annehmen, wie Muscheln oder Goldstücke, oder als Zahl auf einem Stück Papier als Gutschein (Geldschein) oder Schuldschein (Wechsel). Weiterhin unterscheiden wir Geld hinsichtlich seiner Verwendung. Gebrauchen wir es, dann ist es ein Tauschmittel, lassen wir es unter dem Kopfkissen, sprechen wir von Vermögen.

Spannend ist jetzt der Zusammenhang von Geld in den Feldern *Natur* und *Struktur*. Wie wir gesehen haben, ist Geld in der *Natur* einfach nur ein Tauschmittel. Das Geld dient dem Konsum, also der Verteilung von Waren und Dienstleistungen und damit der Befriedigung unserer Bedürfnisse. Die Produktion der Waren und Dienstleistungen erfolgt durch menschliche Arbeit in der *Natur*. Der Schlüssel für die Verteilung bezüglich der Höhe der Einkommen wird jedoch sozial ausgehandelt und rechtlich festgeschrieben, also in der *Struktur*.

Im Bereich der *Struktur* gibt es keine Karotten, also auch keinen Konsum, hier gibt es Vereinbarungen, Absprachen und Normen. Und insbesondere das Recht auf privates Eigentum. Diese Rechte sind grundsätzlich übertragbar. Ein eventueller Interessenausgleich kann dabei durch Tausch, zum Beispiel von Grundstücken oder mit Geld, erfolgen.

Geld, das ich für Rechte ausgebe, verwandelt sich von einem Tauschmittel in Vermögen. Aus etwas Beweglichem, einer Mobilie, wird etwas Unbewegliches, eine Immobilie. Das Geld nimmt nicht mehr am Konsumkreislauf teil, es wird eingefroren. Gleichzeitig erhält es das Recht, weiteres Geld anzuziehen. Da dieses weitere Geld aber nicht wie bei Sterntaler vom Himmel fällt, muss es der *Natur* entnommen werden. So gibt es einen laufenden Geldtransfer aus dem Bereich der *Natur* in den Bereich der *Struktur*.

Das könnte der *Natur* erst einmal egal sein, da sich ja der Wert der Waren an die vorhandene Geldmenge anpasst. Wenn also die Hälfte des Geldes in die *Struktur* abwandert, kostet die Karotte auch nur noch die Hälfte. Da aber auch die Waren und Dienstleistungen nicht vom Himmel fallen, ist der *Natur* der Geldentzug nicht egal, denn die Waren müssen ja von irgendjemandem hergestellt werden. Und von dieser Arbeit profitieren dann überproportional diejenigen Menschen, die sich nicht an der Warenproduktion beteiligt haben. Das ist nichts anderes als ein leistungsloses Grundeinkommen für Reiche. In immer schnellerem Tempo wird *Natur* eingefroren und damit die Ungleichheit vergrößert. Wie gesagt, ein Prozent gewinnt, 99 Prozent verlieren.

Dieses offensichtlich lebensfeindliche Ungleichgewicht der Vermögen ist Ausdruck des Ungleichgewichts der *Struktur* gegenüber der *Natur*. Um die maßlosen strukturellen Forderungen zu befriedigen, wird die *Natur* maßlos ausgebeutet.

Wir werden die *Natur* nur retten können, wenn wir diese strukturelle Diskriminierung aufheben und nicht mehr zulassen, dass *Struktur* Leben zerstört. Wir werden die *Natur* nur retten, wenn wir die *Struktur* nutzen, um Leben zu schützen und zu fördern.

Kapitel 4

KULTUR

Hier bin ich Mensch![1]

Kulturelles Leben

Wie sich die soziale Struktur in die physische Welt einbettet, so lebt die Kulturwelt innerhalb der sozialen Welt. Der Mensch wird von den Gesetzmäßigkeiten der physischen und sozialen Welt bestimmt, kann sich aber noch eine weitere, ganz eigene Welt, die kulturelle Welt, erobern.

Ist der Mensch in der physischen Welt durch Notwendigkeit und in der sozialen Welt durch Normen eingebunden, hat er in der kulturellen Welt die Freiheit der Teilnahme. Er kann, muss aber nicht Teil der Kultur sein. Bilden die zwei ersten Welten jeweils eine Einheit für sich, zerfällt die kulturelle Welt in mehrere, auch unabhängige Teile. Das können kleine oder größere Gruppen sein oder auch einzelne Denker und Künstlerinnen.

Das tragende Paradigma der Kultur ist die Freiheit. Gerechtigkeit und Bedarf würden jedes kulturelle Engagement zerstören. Grundlage ist nicht die Gemeinschaft, sondern die Individualität. Und erst hier wird der Mensch zum Menschen. Dabei ist Freiheit in der kulturellen Welt nicht absolut. Wie bei den zwei anderen Welten, der physischen und der sozialen, sind wir, die Menschen, in der kulturellen Welt eng miteinander verwoben. So braucht die Wissenschaftlerin ihre Community und der Künstler sein Publikum, also Menschen, die sie und ihre Ideen verstehen. Die Freiheit besteht darin, überhaupt Teil der kulturellen Welt zu sein und dann vor allem darin, als Erster einen Schritt weiterzugehen.

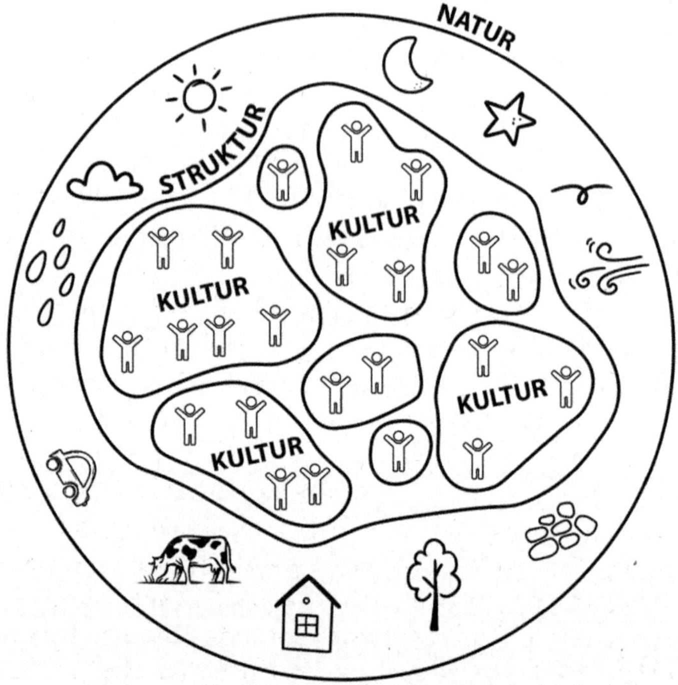

Abbildung 4a Die kulturelle Welt *Kultur* ist eingebettet in die physische *Natur* und soziale Welt *Struktur*. Anders als die beiden anderen Welten besteht sie aus mehreren, auch unabhängigen Teilen.

In der kulturellen Welt schöpft der Mensch aus der Gemeinschaft heraus seine individuellen Leistungen, die dann fruchtbar werden, wenn sie der Gemeinschaft übergeben werden. Und so wie die Früchte der kulturellen Welt ein Geschenk an die Gemeinschaft sind, ermöglicht die Gemeinschaft diese Arbeit mit den Geschenken des physischen Bedarfs und der sozialen Integration. In der physischen Welt werden Waren und Dienstleistungen gegen Geld getauscht, in der sozialen Welt sind es Rechte und Berechtigungen. In der kulturellen Welt steht dem Geld kein konkreter Gegenwert gegenüber. Oder können Sie mir verraten, wieso die wunderschöne Mona Lisa, die ich gerade gemalt habe, übrigens ganz im Stil des späten Picasso, so viel weniger wert sein soll als dieses kleine Bild im Louvre, gemalt von einem Mann, der schon ziemlich lange tot ist?

Kulturwirtschaft

Wieso beziehe ich den Bereich der Kultur in die Überlegungen zu einer lebendigen Wirtschaft mit ein? Sicherlich kann man auch mit Kultur gutes Geld verdienen, wie uns ja auch der Begriff *Kunstmarkt* zeigt. Darunter versteht man, dass sich ein paar Leute ein paar überteuerte, mit Farbe verzierte Leinwände verkaufen. Der Grund, warum die Kultur hier einen Platz bekommt, ist die gegenseitige Abhängigkeit und damit der direkte Einfluss von Kultur auf das Leben, auf unser Leben.

Wir brauchen Kultur genauso dringend zum Leben wie Luft. Nur manchmal merken wir das nicht. Sie erscheint uns nicht so zwingend, es geht auch mal ohne. Wirklich? Wie war das in den Corona-Jahren? Hatte sich durch den Kulturverlust irgendetwas geändert?

Vielleicht sollten wir erst einmal überlegen, was Kultur überhaupt ist: Unter Kultur verstehe ich nicht nur farbverzierte Leinwände, Theater, Konzerte und die neue Nationalgalerie. Kultur fängt für mich dort an, wo Menschen beginnen zu kommunizieren, aufeinander zu reagieren, gemeinsam Gedanken zu bewegen und sich gegenseitig zu inspirieren. Vielleicht könnte man sagen: Kultur ist die Produktion von Sinn. Und Sinn brauchen wir ganz dringend, sonst wird unser Leben traurig und langweilig. Und genau deswegen ist es so wichtig, das kulturelle Leben gleichberechtigt an die Seite des biologischen und sozial-strukturellen Lebens zu stellen. Uns Menschen geht es nur gut, wenn es uns in allen unseren Lebensbereichen gut geht. Wir können die einzelnen Bereiche nicht gegeneinander ausspielen, jedenfalls nicht, ohne unser eigenes Leben zu schwächen.

Kultur ist dabei aber nicht nur ein Selbstzweck. Soziale Struktur entsteht, wenn wir die Köpfe zusammenstecken, uns absprechen und Normen festlegen, also Vereinbarungen produzieren. Und unsere materielle Welt bearbeiten wir mit Werkzeugen, die wir uns, Köpfe zusammensteckend, ausgedacht haben. Strukturellen und materiellen Fortschritt gibt es nur durch Kultur.

Kulturleben

Ganz spannend finde ich den Blick in die Vergangenheit. Was bleibt, was vergeht? Menschliches, biologisches Leben kann bis zu 100 Jahre alt werden – unabhängig davon, wie gut wir uns ernähren. Wir finden zwar auch sehr alte Überreste von Menschen wie dem Neandertaler, aber zum Leben erwecken können wir sie nicht. Biologisches Leben ist die fortlaufende, ununterbrechbare Produktion pflanzlicher, tierischer und eben auch menschlicher Körper.

Soziale Strukturen sind haltbarer. Die älteste noch gültige Verfassung ist mit 400 Jahren die von San Marino. Wir kennen Hochkulturen, die ein paar tausend Jahre bestanden haben, aber auch dort gab es regelmäßige Brüche. Am längsten an der Macht hielt sich wohl die Zhou-Dynastie in China mit 1.200 Jahren. Je ausdifferenzierter die Strukturen sind, umso kurzlebiger sind sie. Die deutsche Verfassung ist seit ihrem Bestehen fast jedes Jahr geändert worden. Und auch die Eigentumsverhältnisse und die Grenzen der einzelnen Länder verschieben sich laufend. Im Grunde geht es um eine fortdauernde Aushandlung der Machtverteilung. Imperien entstehen, Imperien vergehen.[2]

Wie ist das mit dem kulturellen Leben? Die ältesten noch erhaltenen Gebäude sind fast alles alte Kultstätten. Als mächtige Zeugen der Kulturen verraten sie uns jedoch nicht, was genau in ihren Mauern geschah. Die ältesten Kunstwerke, die wir kennen, sind knapp 50.000 Jahre alte Höhlenmalereien. Abgebildet sind Menschen, Tiere und Menschen, die Tiere jagen. Bilder sind das eine Medium, über das wir uns alten Kulturen nähern können, wie etwa die vielen gut erhaltenen Wandzeichnungen in Ägypten. Aber erst die Überlieferung von Sprache, also von Schrift, ermöglicht uns ein tieferes Verständnis alter Kulturen. Die erste Schrift erfanden die Sumerer vor 5.000 Jahren. Eine in Ton geritzte Keilschrift. Noch heute lesen wir mehrere tausend Jahre alte Bücher, *Politik* von Aristoteles, sehen tausend Jahre alte Theaterstücke, *Antigone* von Sophokles, und auf YouTube können wir uns die Rekonstruktion eines 3.600 Jahre alten Musikstücks anhören.

Kulturelles Leben fördern wir, indem wir es vor allem erst einmal ermöglichen. Indem wir Raum und Zeit zur Verfügung stellen, in denen sich Kultur entwickeln kann. Etwa Wissenschaftlern ein Laborgebäude zur Verfügung stellen und sie ausreichend finanzieren. Das ist die materielle Voraussetzung. Sichere Arbeitsverträge sind die strukturelle Bedingung. Über den Gegenstand der Forschung sollten weder ein hungriger Bauch noch ein machthungriges Herz, sondern nur die neugierigen Köpfe der Wissenschaftlerinnen entscheiden. Je selbständiger und unabhängiger die Kultur ist, umso kraftvoller und lebendiger ist sie auch.

Angreifbar ist der Kulturbereich über politische und wirtschaftliche Abhängigkeiten, und hier wird er auch angegriffen. Aus dem Bereich der Struktur kommt es zu direkter politischer und indirekter finanzieller Einflussnahme, zur Durchsetzung individuell Interessen. Davon mögen einzelne Akteure profitieren, aber im Großen und Ganzen verlieren alle, weil dann nicht mehr unbedingt die besten Ergebnisse angestrebt werden. Die kulturelle Entwicklung, und damit alle Entwicklung, bleibt unter ihren Möglichkeiten. Das Leben wird geschwächt. Wir brauchen *safe spaces* für Kultur. Die Parameter, die über die Lebendigkeit der *Kultur* entscheiden, sind materieller und struktureller Freiraum und inhaltliche Freiheit.

Bildung und Forschung

Die sinnvollste Investition in die Zukunft ist Bildung, in jeder Form und in jedem Alter: Schulbildung, Ausbildung, Studium und Weiterbildung. Bildung ist die wichtigste und nachhaltigste Ressource, die wir haben.

Schulbildung

In der Schule sollen unsere Kinder Kulturtechniken erlernen wie Lesen, Schreiben und Rechnen, und sie sollen ihre eigenen individuellen Potenziale entdecken und entfalten, um später ein gutes und selbstbestimmtes Leben führen zu können. Wie das geht, wissen wir ganz genau, spätestens seit der Hattie-Studie 2009:[3] Das Einzige, das wirklich zählt, ist eine gute Lehrerin oder ein guter Lehrer. Alles andere ist egal oder sogar schädlich – innovative Unterrichtsformen, Medieneinsatz, Klassengrößen. Was brauchen Kinder? Sie sehnen sich danach, gesehen und anerkannt zu werden, in dem was sie sind und wie sie sind. Sie brauchen echte zwischenmenschliche Begegnungen. Und gute Pädagogen können genau das, mit den Kinder in Resonanz treten.

Damit sie das aber auch können, brauchen Lehrerinnen und Lehrer eine gute Ausbildung und ausreichend Freiräume, materiell, strukturell und vor allem auch inhaltlich. Damit Schule gelingen kann, braucht es Räume, in denen sich alle sicher und geborgen fühlen – und ausreichend Zeit.

Aktueller Zustand

Mal angenommen, Schule wäre dazu da, dass unsere Kinder etwas lernten. Dann ist unser Schulsystem, ich kann es nicht anders sagen, ein Desaster, und damit verrate ich kein Geheimnis. In der PISA-Studie 2022 steht:[4] Die Leistungen unserer Kinder werden seit zehn Jahren immer schlechter, in Schreiben, Lesen und Rechnen, also in den grundlegendsten Kulturtechniken. Unsere Kinder gehen in die Schule und werden dümmer, der durchschnittliche IQ in Deutschland sinkt seit 2012, seit der flächendeckenden Einführung von Smartphones. Sicherlich kann man nicht alles auf die Schulen schieben, es gibt auch noch andere maßgebliche und oft problematische Einflussfaktoren wie Eltern, Herkunft und TikTok. Aber die Schule ist nach wie vor der Ort, an dem wir unsere Kinder zehn bis zwölf Jahre verpflichtend abgeben, also der Ort, an dem auch außerschulische Defizite aufgedeckt und aufgefangen werden könnten. Unser Schulsystem ist eine Mangelverwaltung, es ist unterfinanziert, dysfunktional, desintegrierend und in meinen Augen eines unserer größten Probleme. Es behindert genau das, was am wichtigsten ist, den direkten lebendigen Kontakt zwischen Schülerinnen und Lehrern.[5]

Fangen wir bei den Lehrkräften an, es gibt zu wenige und vor allem auch zu wenig gut Ausgebildete. Eine Freundin von mir, Leiterin einer Grundschule, erzählte mir, dass sie regelmäßig den Hausmeister mit einer Klasse zum Spielen auf den Hof schickt, weil einfach kein pädagogisches Personal vorhanden ist. Berlin konnte zu Beginn des neuen Schuljahres 2023 mangels Bewerberungen 1.400 Lehrerstellen nicht besetzen.[6]

Zeitlich sind Lehrerinnen und Lehrer gut ausgelastet, aber nur ein Teil ihrer Zeit verbringen sie mit den Schülern. Viele Stunden vergehen mit Korrekturen, Vorbereitung, Nachbereitung, Konferenzen und Elternabenden. Jede Menge Vorschriften, Erlasse und Gesetze versuchen Einfluss auf den Unterricht zu nehmen mit Lehrplänen, Stundentafeln, Prüfungsordnungen, Klausurvorgaben und Deputatsrichtlinien.

Strukturell gesehen ist unsere Schule mehrstufig und hierarchisch. Sie sortiert die Schüler sehr früh nach Leistung und Anpassung. Wie viele Studien zeigen, hat diese Unterteilung keinen positiven Einfluss auf die Bildung. Der Leistungsdruck wird einmal über die Sortierung nach Schulen, bei Leistungsversagen durch Sitzenbleiben und vor allem durch außerschulische

Festlegungen, wie die Koppelung des Hochschulzugangs an Schulabschlüsse, ausgeübt und durch permanente Kontrolle und Notenvergabe aufrechterhalten. Damit wird ein offenes Schüler-Lehrer-Verhältnis gestört. Und damit die wichtigste Voraussetzung für erfolgreiches Lernen.[7]

Eine besondere Bürde ist es, dass die Schulen dem direkten und dauerhaften Zugriff der Politik ausgesetzt sind – über die Schulverwaltung der Bundesländer und den damit einhergehenden parteipolitischen Wetterlagen.

Über die Schulgebäude möchte ich nicht sprechen, das ist zu deprimierend. Solange man nicht in einem bayerischen Dorf wohnt.[8]

Ausblick

Wir wissen, wie eine gute Schule gelingen kann. Wir müssen sie nur wollen. Dafür dürfen Schulen nicht mehr der Spielball der Tagespolitik sein, sondern müssten einen *save space* bekommen. Und vor allem müssten sie ausreichend finanziert werden.

Die allgemeinbildenden Schulen sind eine gesellschaftliche Großveranstaltung. Davon direkt betroffen, als Schüler oder Schülerin, sind zehn Prozent der Bevölkerung. Zählt man noch Lehrerin, Koch, Hausmeisterin, Schulrat, Busfahrerin und vor allem die Eltern hinzu, steigt der Anteil auf 25 Prozent.[9]

Aktuell gibt Deutschland drei Prozent seiner Wirtschaftsleistung für schulische Bildung aus, und liegt damit im Mittelfeld der OECD-Länder. Die erfolgreicheren Länder investieren fast doppelt so viel in die Bildung ihrer Kinder. Es ist eine ganz einfache Rechnung: Gute Schule kostet Geld. Geld, das dann an anderer Stelle fehlt. Für das Militär möchte Deutschland ab sofort *mindestens* zwei Prozent des BIPs ausgegeben, das ist genau der Betrag, der den Schulen fehlt. Wir müssen uns nur entscheiden.[10]

Was kann ich tun?

- das Kind auf eine gute Schule schicken
- dem Kind Sport und Musikunterricht ermöglichen

Was ist Aufgabe der Politik?

- Schulen besser finanzieren und weniger regulieren
- allen Kindern Sport und Musikunterricht bezahlen

Hochschulen

In Deutschland haben wir eine hervorragende Hochschullandschaft. Neben den Universitäten gibt es noch eine Vielzahl weiterer unterschiedlichster Hochschulen in öffentlicher und privater Trägerschaft. Immer mehr Ausbildungen werden akademisiert und damit aufgewertet – etwa die zu Erzieherinnen und Pflegefachkräften. Neben der Bildungsarbeit übernehmen Hochschulen auch wichtige Forschungsaufgaben.

Bedarf

Aufgabe der Hochschulen ist es, unser gemeinsames Wissen zu erhalten, zu entwickeln und an die nächste Generation weiterzugeben, also zu forschen und zu lehren. Nur wenn wir unser Wissen erweitern, ist Entwicklung möglich. Indem wir lernen, erweitern wir unser Verstehen von uns selbst und von der Welt und erarbeiten uns Handlungsmöglichkeiten. Je besser wir das Klima verstehen, desto besser können wir es schützen. Je besser wir unser Leben verstehen, desto besser können wir leben.

Diese wichtigen Aufgaben, Lehre und Forschung, können die Hochschulen umso besser erfüllen, je mehr der Bedarf an hierfür notwendige Ressourcen gedeckt ist. Dabei geht es, wie fast immer, um ausreichend finanzielle, räumliche, strukturelle und inhaltliche Freiräume.

Studium

In den letzten 50 Jahren ist die Anzahl der Studierenden eines Jahrgangs von 20 auf 50 Prozent gestiegen. Dieser Anstieg ist eng mit der Akademisierung ehemaliger Lehrberufe und mit der Einführung des Bologna-Systems verbunden, der Umstellung von Magister- und Diplomstudiengängen auf Bachelor und Master. Gleichzeitig wurde ein engmaschiges Netz aus Überwachung und Kontrolle gespannt, welches die Freiheit der Lehre und damit auch die Freiheit des Lernens erheblich einschränkt.[11]

Anfang der Neunzigerjahre, als ich an der FU Berlin Philosophie und Kunstgeschichte studierte, forderte die Studienordnung für ein Magisterhauptfach vier Scheine im Grundstudium und vier Scheine im Hauptstudium plus eine Magisterarbeit. In den beiden Nebenfächern waren es die Hälfte, also je zwei Scheine in Grund- und Hauptstudium. Das war alles. Jeder Studierende war frei, sich seinen individuellen Lernweg zu suchen. Und die Lehrenden hatten die Freiheit, alles anzubieten, was sie wollten. Die Studienordnung war natürlich ein Witz, niemand, den ich kannte, hielt sich daran, es wurde kreuz und quer studiert, im Regelfall machte man zwei- bis dreimal so viele Scheine wie vorgegeben. Für was es einen Schein gab – Referat, Hausarbeit oder Klausur – lag ganz in der Verantwortung der Lehrenden.[12]

Wie sieht es heute aus? In den Studienordnungen wird alles haargenau geregelt, in welchem Semester welcher Kurs zu belegen ist und welche Prüfungsleistungen hierfür zu erbringen sind. Kleinste Abweichungen werden juristisch verfolgt, vor allem von Studierenden. Und es herrscht Anwesenheitspflicht, also genauso wie in der Grundschule. Das mag für klassische Ausbildungsberufe sinnvoll sein, freie akademische Lehre ist etwas anderes.

Forschung

In Deutschland findet Forschung an Hochschulen, an außeruniversitären Einrichtungen wie der Max-Planck-Gesellschaft und der Helmholtz-Gemeinschaft und in Unternehmen statt, also in öffentlichen und privaten Einrichtungen. Der Fokus der öffentlichen Hand liegt prinzipiell auf dem gesamtgesellschaftlichen Wohl, das der privaten Anbieter auf der Rendite ihres Betriebes. Beides sind berechtigte, notwendige und sinnvolle Anliegen. Die von staatlicher Seite geförderte Grundlagenforschung bildet die Voraussetzung der privaten Anwendungsforschung. Erst durch das Zusammenspiel trägt die Forschung konkrete Früchte.

Die Harmonie wird gestört, wenn eine der beiden Seiten die Oberhand gewinnt und die andere Seite dominiert. Dann versickert entweder sehr viel Geld in Grundlagenforschung, ohne dass die Gesellschaft entsprechend davon profitieren würde. Oder es wird überwiegend im Interesse der Wirtschaft geforscht und damit relevante Bereiche ausgeblendet: *Wofür braucht man schon Kunstgeschichte?* Das führt zu weniger Wissen und damit zu weniger Leben.

Der Hebel ist, wie bei so vielem, das Geld. Denn Forschung benötigt Geld. In beiden Fällen, bei öffentlicher und privater Forschung, stellt die Allgemeinheit die Forschungsmittel zur Verfügung. Einmal durch die Erhebung von Steuern oder durch Preisaufschläge beim Konsum – die Gummibärchen werden so oder so teurer. Der Forschung könnte es demnach egal sein, woher das Geld kommt. Das ist es ihr aber nicht, denn wer zahlt, bestimmt die Agenda. Private Unternehmen unterstützen die Hochschulforschung mit 9 Milliarden Euro im Jahr, das entspricht einem Anteil von 17 Prozent. In die eigene Forschung stecken die Wirtschaftsunternehmen noch einmal 66 Milliarden Euro. Nur leider ist die ökonomische Rendite von Kunstgeschichte relativ gering. Die Gefahr besteht, dass Forschungsfelder nicht ausschließlich nach wissenschaftlicher Relevanz gefördert werden.[13]

Für eine maximale Forschungsbreite und -tiefe braucht es eine unabhängige öffentliche Finanzierung. Für einen optimalen gesellschaftlichen Nutzen braucht es privat finanzierte Forschung.

Ausblick

Genau wie bei den Schulen geht es auch bei den Hochschulen um finanzielle, räumliche, strukturelle und inhaltliche Freiräume. Hierfür müssten zwei Dinge passieren: Die Administration müsste aus ihrem Überwachungshelikopter aussteigen und die Verantwortung für die Ausbildung wieder in die Hände der Hochschulen legen. Und die finanzielle Ausstattung muss ausreichend sein, um gute Lehrkräfte, gute Gebäude und vor allem unabhängige Forschung zu ermöglichen.

Um wie viel Geld geht es? Der Hochschulbereich kostete 54 Milliarden Euro im Jahr (2021) an Grund- und Drittmitteln. Im internationalen Vergleich ist das zu wenig.[14] Mit einer Aufstockung auf 90 Milliarden Euro würde Deutschland zur Spitze aufschließen, und die Hochschulen wären nicht mehr auf private Drittmittel angewiesen. Bezogen auf seine Wirtschaftsleistung investiert Deutschland drei Prozent in seine Hochschulen, andere Länder bis zu fünf Prozent.[15]

Was kann ich tun?

- alle Freiräume der Hochschulen nutzen
- ein paar Auslandssemester machen

Was ist Aufgabe der Politik?

- Hochschulen und Forschung ausreichend finanzieren
- Vorschriften für Hochschulen aufheben

Kunst

Kunst geht uns alle an: *Jeder Mensch ist ein Künstler!* Was Beuys uns damit sagen wollte: In jedem Menschen steckt kreatives Potenzial. Also die Möglichkeit, sein eigenes Leben aktiv zu gestalten und damit auch gestaltend auf die Gemeinschaft einzuwirken.[16]

Bei Kunst denken wir schnell an Mozart und Philharmonie, Tanz und Theater, Malerei und Museen.

Also an Dinge, für die wir gerade gar keine Zeit haben, oder wenn überhaupt, dann vielleicht samstags, wenn wegen des Regens unsere Tennisstunde ausfällt. Aber Kunst ist eben viel mehr, es durchzieht unser ganzes Leben. Alles, was uns umgibt und nicht Natur ist, wurde von einem Menschen gestaltet, und damit einem künstlerischen Prozess unterzogen, Kaffeetassen, Autos, Häuser und ganze Städte.

Aber nicht nur, was wir sehen, entsprang einem künstlerischen Impuls. Dazu gehört auch, wie wir über die Welt nachdenken, dazu gehören die Geschichten, mit denen wir uns die Welt erschließen, die Märchen, Sagen, Romane, Theaterstücke und Filme, die unser Weltbild prägen. Wir können der Kunst nicht entrinnen, wir können nur mehr oder weniger aktiv daran teilnehmen. Wir können sie konsumieren, indem wir mal wieder die Schaubühne in Berlin oder das eigene Stadttheater besuchen, oder wir können selber aktiv werden und die Gitarre auspacken. Aber auch wenn wir nur in einem Theater sitzen und Kunst konsumieren, sind wir aktiv mit dabei, vielleicht nicht ganz so aktiv wie die Schauspielerinnen und Schauspieler, aber wir hören, wir sehen und wir versuchen zu verstehen. Indem wir mitdenken, bilden wir neue Gedanken und verändern und gestalten so unser Weltbild und damit die Art und Weise, wie wir in und mit der Welt umgehen, ob wir sie stärken oder ob wir sie schwächen.

Wenn wir unsere Welt retten wollen, müssen wir einiges verändern, und diese Veränderungen sind zu gestalten, sie unterliegen einem kreativen Prozess. Wenn wir uns in der Fantasie eine bessere Welt vorstellen können, dann können wir auch unsere reale Welt verändern und so eine bessere Welt erschaffen.

Bedarf

Wie ich Kunst verstehe, ist das Leben *an sich* eine künstlerische Tätigkeit. Alle unsere Lebensbereiche wollen gestaltet werden. Und so gibt es auch für jeden Bereich unterschiedliche Ansätze. Die *Natur*, unsere materielle Welt, malen wir bunt an, stellen sie mit Skulpturen voll und bauen schöne Häuser mit wunderbaren Gärten drum herum. Unsere *Struktur*, unsere soziale Welt, gestalten wir, indem wir uns neue Geschichten erzählen, in Büchern, Theatern und Netflixserien, und daraus unsere soziale Ordnung entwerfen und gestalten. Wir brauchen die Kunst, und die Kunst braucht, damit sie sich entfalten kann, Raum und Zeit, also ausreichenden Freiraum. Wir brauchen ausreichend Muße, damit wir im Alltag nicht untergehen – um nicht gelebt zu werden, sondern um selber zu leben.

Neben uns Alltagskünstlerinnen gibt es dann aber auch noch Menschen, die einfach deutlich besser Gitarre spielen. Oder die einfach mal eine Oper schreiben. Wir Alltagskünstler brauchen diese Menschen, sie nehmen uns an die Hand und zeigen uns Welten, die uns ohne sie verborgen geblieben wären. Sie sind unsere Sherpas in die Zukunft.

Aktuelle Situation

Die Freiräume der Kunst werden von allen Seiten bedrängt. Auch wenn wir immer weniger arbeiten – die durchschnittliche wöchentliche Arbeitszeit ist in den letzten 50 Jahren von 50 auf 35 Stunden gefallen –, haben wir immer weniger Zeit oder zumindest gerade einfach nicht den Kopf dafür, sind in Gedanken oft woanders und nicht bei uns.[17]

Aber wo sind wir dann? Wir sitzen vorm Bildschirm. Durchschnittlich verbringen wir zehn Stunden am Tag vorm Bildschirm. Unsere Aufmerksamkeit ist in Fesseln gelegt. Im besten Fall von inspirierender Arbeit, aber auch von Belanglosigkeiten (TikTok) oder, im nicht so guten Fall, von der Tagesschau, von diversen aktuellen Katastrophen, von Kriegen, Klimakatastrophen und die Menschheit bedrohenden Krankheiten, die uns in eine kollektive Dauerpanik versetzen. Dann schwindet aber auch noch nach und nach der Gestaltungsfreiraum an sich. Unsere Umwelt ist immer mehr durchorganisiert, durchdesignt, immer mehr ist schon fertig. Konzerne geben genau vor, wer was wann wie anziehen, aussehen, sehen, hören, tun und lassen soll. Unsere Kreativität wird auf das Zusammenschrauben von IKEA-Regalen reduziert.[18]

Und auch für Profikünstler wird die Luft immer dünner, solange sie nicht Taylor Swift oder Banksy sind. Da wird *nebenher* gekellnert, unterrichtet, verkauft und geputzt, nur um nicht zu verhungern. Die Miete fürs Atelier ist schon lange nicht mehr drin. In Berlin gibt es 10.000 Künstlerinnen und Künstler, 6.000 davon sind auf der Suche nach einem bezahlbaren Atelier.[19]

Ausblick

Uns Alltagskünstler können nur wir selber retten. Wir müssen uns unsere Muße und unseren Freiraum wieder zurückerobern. Das wird nicht einfach, denn die ganze Welt giert nach unserer Aufmerksamkeit. Mir selber hat es geholfen, dass ich mir keine Verbote erteile, sondern mir schöne Dinge vornehme. Wie zum Beispiel, dass ich mir nicht im Bett das Handy verbiete, sondern mich auf ein tolles Buch freue. Oder das Verankern im Stundenplan: Donnerstag ist Kulturtag! Es geht also schlicht und einfach darum, dass wir unser Leben selber gestalten. Ein Blümchen auf dem Schreibtisch oder Prielblumen auf dem Auto. Ein Bild malen oder endlich mal Klavierstunden nehmen. Den Garten schön anlegen oder die Wohnung toll einrichten.

Zuhause sind wir an dem Ort, der unserer ist. Dieser Ort wird unserer, indem wir uns mit ihm verbinden, in dem wir ihn gestalten und pflegen, schreibt Daniel Schreiber in seinem wunderbaren Büchlein *Zuhause*. Also lassen Sie uns mehr zu Hause sein, bei uns, unserem Ort und unserer Welt.[20]

Wer für die Kunst lebt, sollte auch von Kunst leben können. Das bedeutet, Künstlerinnen brauchen ein ausreichendes Einkommen, einen entsprechenden Raum und die Freiheit, selbst über ihre Kunst zu entscheiden.

Kunst ist eng verwandt mit Spiel. Beide brauchen Leichtigkeit bei großer Ernsthaftigkeit. Der Unterschied liegt jedoch in der Wirksamkeit. Das Spiel ist vorbei, wenn es vorbei ist. Kunst ist niemals vorbei, sie verändert die Welt. Zum Besseren oder zum Schlechteren. Und es ist an der Gemeinschaft, sich ihre passenden Künstlerinnen und Künstler zu wählen und entsprechend zu unterstützen.

In der Künstlersozialkasse sind aktuell 190.000 freischaffende Menschen versichert. Das sind ein Viertel Prozent der Bevölkerung. Diesen Menschen, von denen viele nicht genügend Einkünfte haben, das monatliche Gehalt auf 1.500 Euro aufzustocken, würde 60 Millionen Euro kosten, das wären 70 Cent für jeden.[21]

Was kann ich tun?

- so viel Kunst wie möglich selber machen
- an so viel Kunst wie möglich teilnehmen

Was ist Aufgabe der Politik?

- Kunst ausreichend finanzieren
- Kunst als Kultur-Care-Arbeit anerkennen

Spiritualität

Auch unser Glaube ist Teil unserer Kultur. Glauben ist eine kulturelle Tätigkeit, die jeder Mensch für sich aktiv ergreifen muss. Jede und jeder glaubt für sich. Es ist unmöglich, für einen anderen zu glauben. Man kann von seinem Glauben berichten, sich darüber austauschen, über Inhalte streiten oder sich dafür gegenseitig umbringen, aber an was auch immer jemand glaubt, das liegt in seiner oder ihrer individuellen Freiheit. Prinzipiell gibt es bei aktuell acht Milliarden menschlichen Erdenbewohner acht Milliarden unterschiedliche Glaubensrichtungen – jeder Mann hat seine, jede Frau ihre. Eine Vielzahl bewegt sich in Glaubensfamilien, den Religionen. Weltweit die meisten Anhänger haben das Christentum mit 2,5 Milliarden, der Islam mit 1,9 Milliarden, der Hinduismus mit 1,1 Milliarden und der Buddhismus 0,5 Milliarden Menschen. Die größte Gruppe bilden die Christinnen und Christen, sie dominieren die fünf Kontinente Europa, Nord- und Südamerika, südliches Afrika und Australien. In Asien finden sich zudem die östlichen Religionen Hinduismus und Buddhismus. Verbunden werden sie durch das islamische Band, das sich vom Atlantik in Nordafrika bis zum Pazifik in Südostasien erstreckt. Jede dieser großen Religionsfamilien unterteilt sich in ungezählte Untergruppen, und auch neben ihnen gibt es noch Tausende weitere Religionen und Glaubensrichtungen. Hierunter befindet sich die stark anwachsende Gruppe von Menschen, die tatsächlich daran glauben, dass sie an nichts glauben. Das sind aktuell eine Milliarde Menschen.[22]

Warum ist Religion überhaupt ein Thema in diesem Buch? Soll doch jede und jeder glauben, was er möchte, ist doch privat. Aber ganz so einfach ist es nicht. Unser Glaube, also wie wir die Welt sehen, prägt die Art und Weise, wie wir handeln und wirtschaften, also auch, wie wir mit der Welt und mit anderen Menschen umgehen. Glauben wir, die Menschen stehen über der Natur, wie uns der liebe Gott das befohlen hat: *Macht euch die Erde untertan*, dann haben wir, scheint mir, kein Problem damit, Massentierhaltung zu betreiben. Glauben wir, Kühe sind heilig, dann möchten wir ihnen auf Augenhöhe und mit Respekt begegnen. Glauben wir, Männer sind das Hauptprodukt eines männlichen Gottes, ist es völlig in Ordnung, Frauen von wichtigen Jobs auszuschließen, wie dem des Pfarrers, der jeden Sonntag die göttliche Rangordnung wieder öffentlich zelebriert. Glaubten wir wirklich, dass Männer und Frauen gleichberechtigt sind, wäre der nächste Papst weiblich. Es ist nicht egal, an was wir glauben.[23]

Bedarf an Spiritualität

Wir wollen die Welt verstehen, in der wir leben, und sehnen uns danach, dass alles einen Sinn ergibt – was so den ganzen Tag passiert. Ebenfalls sehr groß ist das Bedürfnis nach Zugehörigkeit. Wir wollen Teil einer Gemeinschaft sein, gesehen und angenommen werden. Und das alles kann auch eine Religionsgemeinschaft leisten, sie kann sowohl eine spirituelle als auch eine soziale Heimat sein.

Aktuelle Situation

Europa ist überwiegend christlich geprägt. In Deutschland sind es vor allem die zwei Amtskirchen, die katholische und evangelische, in der sich Christen versammeln. Ein Zweifel an kirchlichen Glaubenssätzen lässt die Mitgliederzahlen seit Jahren schrumpfen. Beschleunigt wird der Prozess noch durch öffentlich werdenden Missbrauch. Seit letztem Jahr sind in Deutschland die offiziell organisierten Christen der zwei Amtskirchen erstmalig in der Minderheit, sie stellen mit 40 Millionen Menschen weniger als die Hälfte der Gesamtbevölkerung. Andere, in Deutschland vertretene Religionen, sind der Islam mit drei Millionen und das Judentum mit 0,1 Millionen Mitgliedern.[24]

Neben der Gemeindearbeit sind die zwei großen Kirchen auf vielen Gebieten eng mit der Gesellschaft und der staatlichen Verwaltung verwachsen. Sie sind insbesondere Träger von Kitas, Schulen, Hochschulen, Wohngruppen, Altersheimen und von allen möglichen sozialen Beratungsstellen. Als Arbeitgeber beschäftigen sie zusammen 1,8 Millionen Menschen, immerhin zehnmal so viele wie die Bundeswehr.[25]

Verwaltungstechnisch sind sie vor allem von der Erhebung der Kirchensteuer durch staatliche Finanzämter abhängig und von den aus allgemeinen Steuern finanzierten, jährlichen Subventionen in Höhe von 600 Millionen Euro.[26]

Problem

Die schwindende Anzahl der Kirchenmitglieder ist erst einmal kein Problem. Wenn die Kirchen die Menschen nicht mehr erreichen, dann passt ja vielleicht das Angebot nicht mehr zur Nachfrage. Das mag viele Gründe haben. Ein maßgeblicher Grund könnte sein, dass es den beiden Amtskirchen einfach zu gut ging. Sie lebten munter wie die Made im Speck am nährenden Busen des Staates und merkten nicht, wie sie den Kontakt zu den Menschen verloren. Im Grundgesetz in Artikel 140 steht: *Es besteht keine Staatskirche.* Alles eine Frage der Interpretation.[27]

Ein Ungleichgewicht entsteht durch die staatliche Alimentierung der beiden Amtskirchen, da andere Kirchen und Religionsgemeinschaften sie nicht erhalten.

Lösung

Eine Auflösung der engen und undurchsichtigen Verflechtung von Staat und Kirche könnte heilsam sein für alle Beteiligten, also für Staat, Kirche und Gemeinden. Würden die Amtskirchen, wie alle anderen Glaubensgemeinschaften, von den Beiträgen und Spenden ihrer Mitglieder leben, hätten sie die Notwendigkeit und Möglichkeit, sich so zu verändern, dass sie ihre Mitglieder wieder erreichen. Die von den Kirchen betriebenen Einrichtungen wären hiervon nicht betroffen, da sie auch jetzt schon über diverse Kultur- und Sozialfonds finanziert werden, wie alle anderen Träger auch.

Kirche kann dann stark und attraktiv sein und Orientierung geben, wenn sie den staatlichen Institutionen auf Augenhöhe begegnet. Und geistig und moralische Orientierung ist genau das, was wir in diesen unsicheren und verunsichernden Zeiten wirklich brauchen. Finden wir sie nicht in der Kirche, dann suchen wir sie woanders. Ich meine, wir brauchen dringend eine starke, unabhängige und glaubwürdige Kirche. Eine selbständige, wehrhafte, moralische Autorität müsste auch im Interesse des Staates liegen.

Was kann ich tun?

- mich einer Gemeinschaft anschließen, die meine Werte teilt

Was ist Aufgabe der Politik?

- Staat und Kirche entflechten

Geld

Im Bereich der *Kultur* spielt Geld eine maßgebliche Rolle, wenn auch eine ganz andere als in *Natur* und *Struktur*. In der *Natur* entspricht Geld einem ganz konkreten Anteil an *Natur*, für einen Euro bekomme ich einen Liter Milch. In der *Struktur* entspricht Geld einem ganz konkreten Anteil an Verfügungsrecht, für einen Euro darf ich über einen halben Quadratmeter Acker verfügen. Diesen ganz konkreten Bezug von Geld zur Kultur gibt es nicht. Die *Zauberflöte* hat keinen Preis, sie ist einfach da, weil Mozart sie vor vielen Jahren komponiert hat. Jeder und jede könnte sie spielen, wenn er oder sie spielen könnte. Und dennoch kostet eine Neuinszenierung der Zauberflöte bis zu einer halben Million Euro. Aber damit wird ja nicht die Zauberflöte an sich bezahlt, das Geld geht an Anna, die Sängerin der Königin der Nacht, an Tom, den ersten Bratschisten, an die Tontechnikerin Sarah und an Volker, den Beleuchtungsmeister. Dann wird davon jede Menge Material gekauft, wie Holz für die Bratsche, Metall für Requisiten und Beton für das Opernhaus.[28]

Das ganze Geld fließt direkt wieder in den Naturbereich. Oder ein anderes Beispiel: Bildung. Was kostet ein Abitur? Schulen und Hochschulen benötigen viel Geld. Aber auch hier werden damit Gehälter und Gebäude finanziert. Das bedeutet, ausreichend Karotten sind eine notwendige Voraussetzung für Kultur, nur dann kann Kultur gelingen. Geld erschafft die materiellen Möglichkeitsräume, in denen Kultur gelingen kann. Die *Natur* ist der fruchtbare Boden, auf dem *Kultur* wachsen kann. Im Gegenzug wird die *Natur* von der *Kultur* kultiviert. Kultur gibt dem Leben mehr Farbe, Klang, Geschmack und vor allem Sinn. Das ist der Deal: Karotten gegen Sinn.

Bedarf

Der Bedarf ist, anders als bei Karotten, kein statischer Wert. Wir überleben auch ohne Kultur ziemlich lange. Ein Zuviel an Kultur kann es eigentlich nicht geben. Aber wer möchte schon 24/7 Wagneropern lauschen? Und irgendjemand muss sich ja auch um die Karotten kümmern. Wir müssen uns also fragen: Wie viel Kultur benötigen wir? Wie viel Kultur möchten wir uns leisten, und wie viel Kultur kann die Natur tragen? Was ist uns Kultur wert? Ganz konkret geht es um die ausreichende Finanzierung von Bildung, Forschung, Kunst und Spiritualität. Aktuell setzt der Kulturbereich jedes Jahr 450 Milliarden Euro um, das sind 11 Prozent unserer gesamten Wirtschaftsleistung. Das meiste davon geht mit 350 Milliarden Euro an Bildung und Forschung und 100 Milliarden Euro an Kunst und Spiritualität.[29]

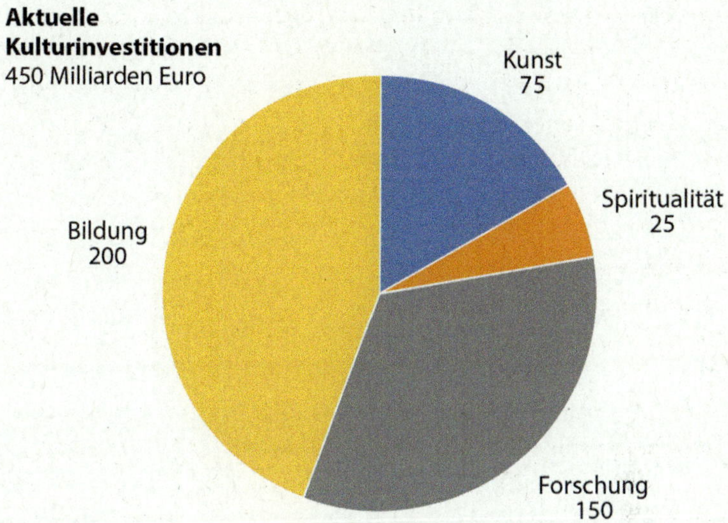

Abbildung 4b Aktuelle Verteilung der jährlichen Kulturinvestitionen auf Bildung, Forschung, Kunst und Spiritualität. [Angaben in Milliarden Euro]

Ausblick

Wäre es nicht wunderbar, wenn es genügend Geld für unsere Kultur gäbe? Ja, das wäre wunderbar, und die gute Nachricht ist: Es gibt genügend Geld! Wir können uns unsere Kultur leisten, und wir sollten sie uns auch leisten. Denn jeder Euro, den wir für Kultur ausgeben, landet direkt wieder im Supermarkt, befriedigt die Bedürfnisse von jemandem, der im Kulturbereich arbeitet. Mit jedem Euro für Kultur steigern wir das Bruttosozialprodukt.

Und durch Bildung und Forschung ermöglichen wir die Entwicklung und Entstehung der ganzen wunderbaren Maschinen wie den solar betriebenen automatischen Karottenjäter. Noch mehr Karotten für alle!

Mich hat wirklich sehr überrascht, wie wenig Geld wir in die Kunst stecken. Sie ist uns gerade einmal zwei Prozent unserer Wirtschaftsleistung wert. Und was wir dafür alles bekommen: wunderbare Kleinkünstler, Sängerinnen, Maler, Bildhauerinnen, Schriftsteller, Dichterinnen, Schauspieler, Regisseurinnen, Dirigenten, Musikerinnen, Tänzer und Kamerafrauen.[30]

Was kann ich tun?

- Kultur leben!

Was ist Aufgabe der Politik?

- ausreichend Geld in die Kultur stecken
- jede Menge staatliche Vorschriften streichen
- freischaffende Kunst als Arbeit anerkennen

Kapitel 5

GUTES WIRTSCHAFTEN

Das Zusammenspiel von *Natur*, *Struktur* und *Kultur*

Bis jetzt habe ich die drei Bereiche *Natur*, *Struktur* und *Kultur* getrennt voneinander betrachtet. Das war hilfreich, um sie besser zu verstehen. Aber erst wenn diese drei Bereiche zusammenkommen, entsteht unsere soziale Gemeinschaft. Wie Organe in einem Körper hat jeder Bereich seine ganz eigenen Aufgaben, funktioniert aber nur als Einheit. Die *Natur* versorgt sich und die anderen Bereiche mit Karotten. Das ist die Basis, alle sollen satt werden, etwas zum Anziehen und eine Wohnung haben. Die *Struktur* sorgt für die Spielregeln und für deren Einhaltung. Ohne Absprachen gäbe es keinen Handel, weder mit Karotten noch mit Eintrittskarten für die Oper. Und dank der *Kultur* haben wir die Möglichkeit, die beiden anderen Bereiche zu verstehen, zu verändern und zu gestalten.

An dieser Stelle möchte ich noch einmal das Bild vom Anfang stellen, da es, wie ich finde, die Realität am besten abbildet. Den Rahmen bildet unsere physische Erde, auf der sich in den letzten Jahrmillionen eine fantastische Lebenswelt entwickelt hat. Aus dieser biologischen Entwicklung sind auch wir, mit unseren Körpern, hervorgegangen, ein Lebewesen unter vielen. Diese, unsere Erde, ein kleiner Stern im unendlichen Weltraum, können wir nicht verlassen, wir sind auf sie beschränkt, in sie eingebettet und von ihr umsorgt. Mögen auch ein paar Götter einen gelangweilten Bick auf uns werfen, ist es doch an uns, was wir hier so anstellen. Wie wir hier zusammenleben, und wie wir mit unserem Zuhause, unserer Erde, umgehen.

Als menschliche Gemeinschaft haben wir Strukturen entwickelt, die es uns ermöglichen zu kommunizieren, auszutauschen, zu organisieren und zu verwalten. Die *Struktur* ist ein Netzwerk, das alle Menschen einschließt, einfach weil sie Menschen sind und mit anderen Menschen in Kontakt stehen.

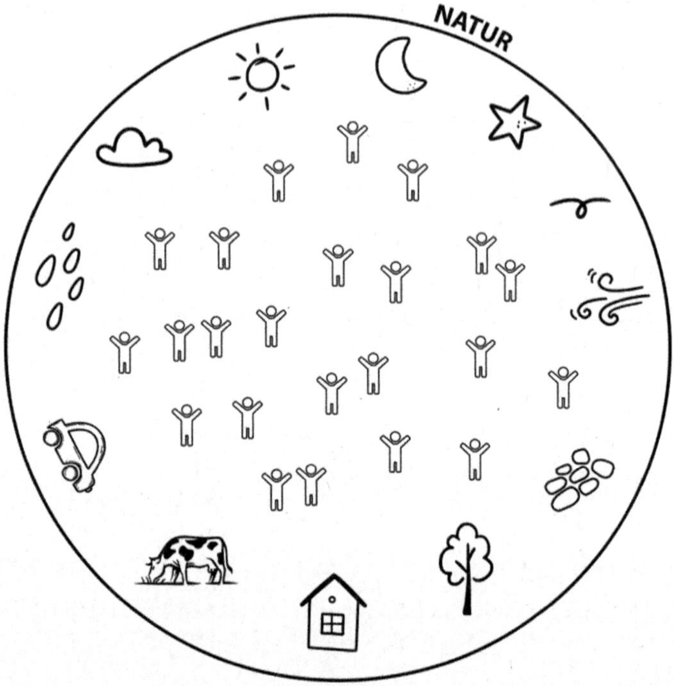

Abbildung 5a Wir Menschen auf unserer Erde

Dieses Netzwerk ist eingebettet in die *Natur*, existiert aber nur zwischen den Menschen. Andere Lebewesen mögen davon betroffen sein, wie Hühner, für deren Haltung wir Gesetze erlassen, aber ein Mitspracherecht haben sie nicht. Auch in diesem Bereich ist es allein an uns, wie wir unsere zwischenmenschlichen Absprachen gestalten. Kultur ist nicht das, was wir tun *müssen*, wie essen, oder das, was wir tun *sollten*, bei Rot stehen bleiben. Sondern Kultur ist das, was wir tun *wollen*, einfach aus uns heraus, etwas verstehen, untersuchen, entwickeln, gestalten, entwerfen. Die *Kultur* ist eingebettet in die zwei anderen Bereiche. Sie umfasst aber nicht notwendigerweise alle Menschen. Es steht jeder und jedem frei, sich kulturell zu betätigen. Sie zerfällt in viele mehr oder weniger autarke Gruppen. Es ist aber kaum möglich, sich ihr ganz zu entziehen, da unsere gesamte Umgebung und alle menschlichen Kontakte von ihr gestaltet und geprägt sind und sich laufend neu erfinden.

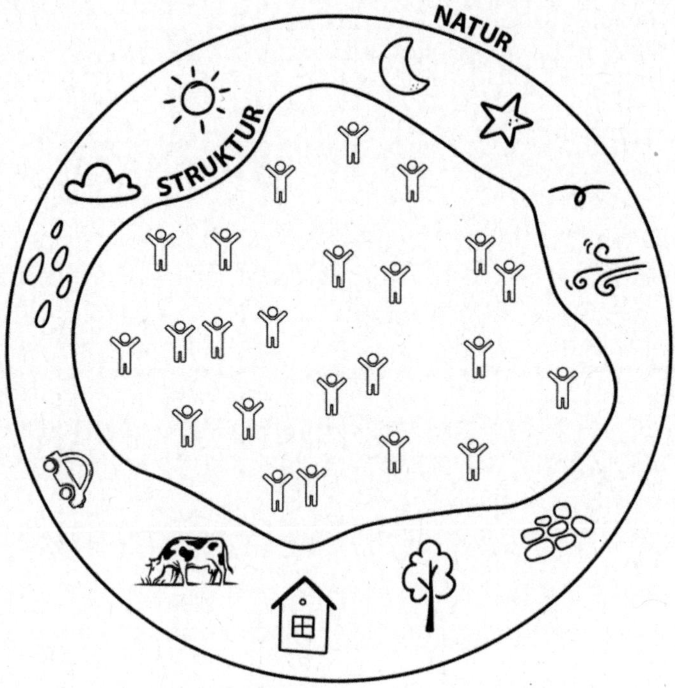

Abbildung 5b Wir Menschen unter uns

Wie ein gutes Leben gelingt

Die Versorgung der Menschen mit *Natur*

Versorgt werden wir Menschen von der Natur. Alles, was wir brauchen, finden wir hier auf unserer Erde, und das schon seit Millionen von Jahren. Wir müssen nur liebevoll, schützend und pflegend mit ihr umgehen. Das erreichen wir vor allem durch umfangreiche Einsparung unseres Energie- und Materialverbrauchs, den ausschließlichen Einsatz regenerativer Energien und durch die Verwendung von Materialien aus nachwachsenden Rohstoffen und durch konsequentes Recycling. Was wir ab sofort nicht mehr tun sollten, ist:

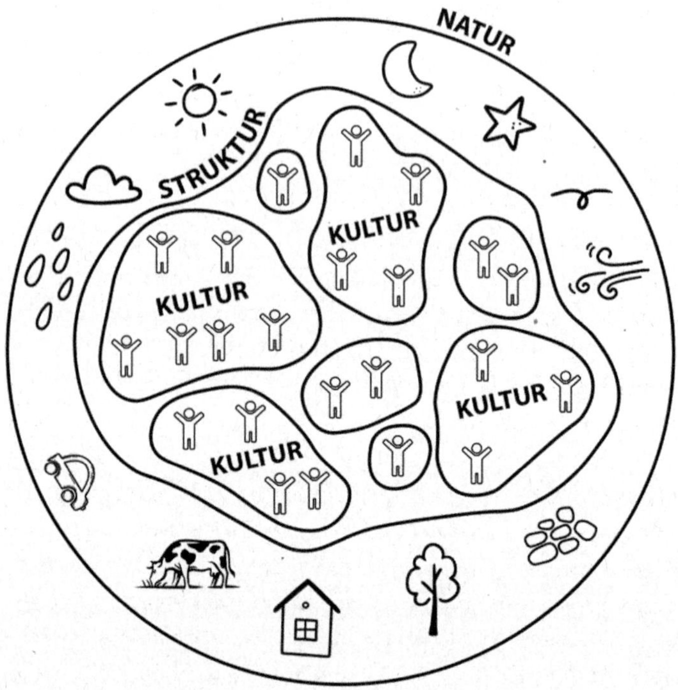

Abbildung 5c Hier bin ich Mensch

- **vernichten:**
  Das betrifft alle Formen der direkten Umweltzerstörung wie roden, versiegeln, bebauen, vermüllen, überfischen, überjagen, usw.,
- **plündern:**
  Die Ausbeutung von Bodenschätzen ist grundsätzlich nicht nachhaltig, denn sie wachsen ja nicht nach, d. h. Bodenschätze bleiben im Boden,
- **vergiften:**
  Und zwar mit Mobilitätsabgasen, Ackergiften, allen Sorten von Klimagiften, Plastik und anderen Kunststoffen sowie sonstigen, nicht abbaubaren und schädlichen Chemikalien.

Die Versorgung der Menschen mit *Struktur*

Unsere Würde bewahren wir uns durch den gegenseitigen Respekt voreinander, als Mensch gegenüber anderen Menschen. Maßgeblich hierfür ist die soziale Gleichwertigkeit. Diese Gleichwertigkeit wird vor allem in vier Bereichen angegriffen.

- **Bei der Beseitigung von Armut:**
  Armut kann zum Ausschluss aus der sozialen Gemeinschaft führen. Armut kann jetzt und ab sofort durch eine Anhebung der Grundsicherung nachhaltig beseitigt werden. Hierzu müsste nur etwas weniger Einkommen von unten nach oben transferiert werden.
- **Ungerechte Vermögensverteilung:**
  Eine große Verletzung der sozialen Gleichheit ist die aktuelle Vermögensverteilung, die dazu führt, dass viele Menschen in Abhängigkeit geraten, durch Arbeit oder durch die Miete einer Wohnung. Hier hilft nur die Umverteilung des Vermögens von unten nach oben zu stoppen.
- **Im Steuerrecht:**
  Das Instrument zur Gestaltung der Einkommens- und Vermögensverteilung sind Steuern und Abgaben. Diese sollten formal wie real das Leben fördern. Das geschieht, wenn Steuern und Abgaben nicht mehr auf Leben, also auf Arbeitseinkommen, Lebensmittel, Kleidung und Wohnung erhoben werden, sondern nur noch auf Lebensfeindliches wie Ressourcenverbrauch, CO_2-Emissionen, aber zum Beispiel auch auf Alkohol, Tabak und Zucker und natürlich auch auf Chicken Nuggets.
- **Beim Recht auf Arbeit:**
  Im Widerspruch zur Gleichwertigkeit steht der Ausschluss von Menschen aus der sozialen Gemeinschaft, wie er durch den Verlust von Arbeit erfolgt. Das Problem der sozialen Ausgrenzung durch Arbeitslosigkeit wird durch ein Recht auf Arbeit behoben.

Die Versorgung der Menschen mit *Kultur*

Unsere Sinnproduktion erfolgt kulturell. Deswegen muss sich die Kultur ungehindert entfalten können. Und hierfür benötigt die Kultur Freiräume. Diese erhält sie durch die Anwesenheit von genügend Geld und die Abwesenheit von administrativen Einschränkungen. Kultur ist wie ein Teenie, sie wächst und gedeiht bei ausreichender Finanzierung – und ansonsten: einfach in Ruhe lassen.

- Ausreichend finanzieren!
- Einfach in Ruhe lassen!

Eine Ökonomie des Lebens

Unser ganzes Wirtschaften ist auf Maximierung des Kapitals ausgerichtet. Was dabei unter die Räder kommt, ist unser Leben. Den Wachstumszwang der Wirtschaft halten wir für so unabwendbar, dass wir lieber unsere Lebensgrundlage ruinieren als das uns bedrohende Wirtschaftssystem.

Es gibt viele Vorschläge, wie dieses System repariert werden könnte, mehr Wachstum oder weniger Wachstum. Aber im Zentrum der Diskussion dreht sich alles ums Geld. Wie das Häschen vor der Schlange starren wir auf die Wirtschaftsentwicklung und registrieren mit großer Sorge die von dieser Wirtschaft ausgelösten Verwerfungen: Inflation, Zinsanstieg, Rentenlücke, Armut, Kriege, Flüchtende und Umweltzerstörungen in großem Ausmaß. Und dann versuchen wir, mit noch mehr Kapitaleinsatz diese Verwerfungen wieder zu glätten. Aber von einem System, dessen DNA die Zerstörung des Lebens ist, werden wir nur immer weiter in den tödlichen Strudel der Kapitalakkumulation hineingezogen.

Es ist wie mit dem Auto auf der Straße. Taucht vor uns ein Hindernis auf und wir fokussieren uns auf dieses Hindernis, werden wir es mit großer Wahrscheinlichkeit erwischen und verunglücken. Konzentrieren wir uns aber auf die freie Straße neben dem Hindernis, werden wir es elegant umfahren. Starren wir weiter auf das Kapital und seine zerstörerischen Wirkungen, werden wir verunglücken. Wenden wir unseren Blick aber auf das Ziel einer bunten lebendigen Welt, werden wir überleben. Fokussieren wir unseren Blick auf das Leben. Denn dieses wollen wir in allen seinen Facetten schützen und pflegen. Im Kern geht es doch darum, einen sicheren Ort für uns und unser Leben zu finden.

Das Leben ist aber nicht nur unser individuelles menschliches Leben, sondern umfasst die ganze Biosphäre. Denn unser Leben können wir nur fördern, indem wir die ganze Biosphäre schützen sowie auch das soziale und kulturelle Leben. Wir können unser Leben nur retten, wenn wir es auf allen drei Ebenen beschützen. Im Bereich der *Natur*, der *Struktur* und der *Kultur*. Denn diese Bereiche stehen nicht allein für sich, sie sind miteinander verwoben und voneinander abhängig. Die *Natur* versorgt uns mit Nahrung, die *Struktur* mit Recht und Ordnung, und die *Kultur* gibt unserem Leben einen Sinn.

Die *Natur* schenkt uns die Erfüllung all unserer physischen Bedürfnisse, wie Nahrung, Kleidung und ein schönes Haus. Aber auch Autos, Straßen, Züge und Schiffe. Und sogar Musikinstrumente, Zahnbürsten und eine Waschmaschine. Denn all diese Dinge sind aus ursprünglich natürlichen Materialen hergestellt. Das Wichtigste aber ist, sie schenkt uns einen wunderbaren lebendigen Körper und eine wunderbare lebendige Welt, um in ihr zu leben. Eine Welt mit Sonnenaufgängen und Regen, mit Wäldern und Seen, mit Blumen und Bäumen, mit Eisbären und Schmetterlingen. Und diese Welt müssen wir gerecht unter uns Menschen aufteilen. Denn wir haben nur diese eine Welt, besser wir beschützen und pflegen sie wie uns selbst.

Unsere Mitmenschen schenken uns ein soziales Zuhause, unsere Familie, Freunde, Bekannte, Kolleginnen und auch alle uns fremde Menschen. Wir sind mehr oder weniger eng mit ihnen verbunden, durch tägliche Kontakte, Berührungen, Gespräche, Nachrichten und Informationen. Diese Verbindungen werden getragen von einem engmaschigen Netz aus Verabredungen in Form von Absprachen, Normen und Gesetzen, die wir Menschen uns gegenseitig zugesagt haben, um unser gemeinsames Leben zu regeln und zu ordnen. Auch dieses Netz aus Verabredungen müssen wir schützen und pflegen, damit es zum größtmöglichen Wohle aller beiträgt.

Die *Kultur* schenkt uns die Möglichkeit, mehr als nur die eigene Welt zu entdecken, sie schenkt uns Poesie und Musik, Malerei und Bildhauerei, Tanz und Theater, aber auch Philosophie und Mathematik, Physik, Chemie und Biologie. Vor allem schenkt sie uns unseren Glauben, welcher auch immer das ist. Es sind diese Welten, die unser Leben so viel reicher machen, unser Leben verlebendigen und mit Sinn erfüllen. Auch die Kultur müssen wir schützen und pflegen, damit sie sich ungehindert und frei entfalten kann.

Doch wie kann uns das gelingen? Wie können wir unser zerstörerisches Leben in ein lebensförderndes Leben verwandeln? Indem wir aktiv werden. Indem wir aufhören, den Untergang zu bejammern und das Steuer selber in die Hand nehmen. Indem wir Verantwortung übernehmen für uns und für die Welt. Dabei müssen wir unterscheiden: Verantwortung für uns haben wir nur in den Bereichen, die wir auch persönlich beeinflussen und gestalten können. Das ist unser persönlicher Naturkonsum, es sind unsere persönlichen sozialen Kontakte und ist unsere persönliche Kulturentfaltung. Es liegt in unserer Hand, ob wir bei McDonald's einkaufen oder im Bioladen, ob wir nach Italien fliegen oder auf Amrum Rad fahren, ob wir mit unserer Freundin telefonieren oder mit ihr tanzen, ob wir Klavier spielen oder mit dem Handy.

In aktuellen Diskussionen ist der persönliche Verantwortungsbereich umstritten. Aus der einen Ecke kommt der Vorschlag, *alle* Verantwortung dem Individuum zu übertragen, nach dem Motto, wer nicht im Bioladen einkauft, *will* Pestizide essen. Und solange ich mich mit mir selbst beschäftige, kann ich mich auch nicht auf die Frage konzentrieren, wieso Pestizide nicht verboten sind.

Der andere Vorschlag ist, alle Verantwortung sei von der Politik zu tragen. Wenn die Politik Pestizide nicht verbietet, werden sie mir schon nicht schaden, denn der Einzelne kann sowieso nichts ändern, was hilft es schon, wenn ich meine Heizung ein paar Grad kälter stelle, wenn in China jede Woche ein neues Kohlekraftwerk ans Netz geht?

Ich finde, der goldene Mittelweg liegt in der Mitte. Die Übernahme der persönlichen Verantwortung für das eigene Leben gibt uns die Möglichkeit, uns ganz konkret mit der Frage zu beschäftigen, in was für einer Welt wir leben wollen und uns dann für diese Welt auch einzusetzen.

Selbstverständlich ist es für die Rettung der Welt viel effektiver, wenn die Politik Pestizide verbietet, als wenn ich im Bioladen einkaufe. Die Hauptverantwortung kann also doch nur bei der Politik liegen. Und das ist auch so. Aber wer ist denn die Politik? Das sind wir alle. Das ist unser soziales Netz, in dem wir geborgen und gefangen sind, ob wir wollen oder nicht. Dieses Netz ist aber nicht aus Naturgesetzen geknüpft, wir können und sollten es gemeinsam gestalten. Denn wenn wir es nicht gestalten, dann machen es andere Menschen. Wir sind also nicht nur für uns selbst verantwortlich, sondern auch für die Gemeinschaft, für unsere soziale Welt, in der wir leben. Aber wie und wo können wir hier Verantwortung übernehmen? Das ist ganz einfach. Das fängt schon an, sobald ich mich für die Gemeinschaft engagiere. In einem gemeinnützigen Verein, in einer Stiftung, die sich für Gleichberechtigung oder die Umwelt einsetzt, in der Arbeit, vielleicht mal bei Amazon eine Gewerkschaft gründen. Eine Freundin von mir ist ehrenamtliche Schöffin bei einem Gericht. Ich kann in eine Partei eintreten, ich kann die *richtige* Partei wählen, demonstrieren, Petitionen einreichen oder Bücher schreiben, die Lust auf eine wunderbare Zukunft machen, oder mit künstlerischen Aktionen meine Mitmenschen aufrütteln.

Was ich damit sagen möchte: Die Welt retten wir nicht, indem jeder und jede für sich zu Haus alles richtig macht. Die Welt retten wir nur gemeinsam, wenn wir zusammen auf die Straße gehen. Aber nicht, um *gegen* den Weltuntergang zu demonstrieren und uns vor lauter Angst vor der Zukunft dort festzukleben, sondern indem wir *für* etwas kämpfen, für eine wunderbare, heile, bunte, lebendige Welt, in der wir gerne und sicher leben. Das gelingt uns, wenn wir die Verantwortung übernehmen: Für unsere Verbundenheit mit der physischen Welt, für unsere Beziehung zu anderen Menschen und für das Ringen um Wahrheit und den Kampf um die Freiheit.

Abbildungsverzeichnis

Abbildung 1 Icons: Adobestock/Polina Tomtosova, Adobestock/Ludmila, Adobestock/bioraven, Markus Miller / Zusammenstellung: Johannes Liess/Markus Miller
Abbildung 2a Icons: Adobestock/Polina Tomtosova, Adobestock/Ludmila, Adobestock/bioraven, Markus Miller / Zusammenstellung: Johannes Liess/Markus Miller
Abbildung 2b Quelle: Umweltbundesamt / Darstellung: Johannes Liess/Markus Miller
Abbildung 2c oben Quellen siehe Endnoten im Text / Berechnung durch Johannes Liess / Darstellung: Johannes Liess/Markus Miller
Abbildung 2c unten Berechnung durch Johannes Liess / Darstellung: Johannes Liess/ Markus Miller
Abbildung 2d Quelle: Umweltbundesamt / Darstellung: Johannes Liess/Markus Miller
Abbildung 2e oben Quellen: siehe Endnoten im Text / Berechnung durch Johannes Liess
Abbildung 2e unten Berechnung durch Johannes Liess / Darstellung: Johannes Liess/ Markus Miller
Abbildung 2f Quelle: Statistisches Bundesamt / Darstellung: Johannes Liess/Markus Miller
Abbildung 2g Quelle: Statistisches Bundesamt / Berechnung durch Johannes Liess / Darstellung: Johannes Liess/Markus Miller
Abbildung 2h oben Quellen: siehe Endnoten im Text / Berechnung durch Johannes Liess
Abbildung 2h unten Berechnung durch Johannes Liess / Darstellung: Johannes Liess/ Markus Miller
Abbildung 2i oben Quellen: siehe Endnoten im Text / Berechnung durch Johannes Liess
Abbildung 2i unten Berechnung durch Johannes Liess / Darstellung: Johannes Liess/ Markus Miller
Abbildung 2j Quellen: siehe Abbildungen 2c, 2e, 2h, 2i, jeweils oben / Berechnungen durch Johannes Liess / Darstellung: Johannes Liess/Markus Miller

Abbildung 2k Berechnungen durch Johannes Liess / Darstellung: Johannes Liess/ Markus Miller

Abbildung 3a Icons: Adobestock/Polina Tomtosova, Adobestock/Ludmila, Adobestock/bioraven, Markus Miller / Zusammenstellung: Johannes Liess/Markus Miller

Abbildung 3b Quelle: Statistisches Bundesamt / Darstellung: Johannes Liess/Markus Miller

Abbildung 3c Quelle: Bundesbank Monatsbericht 4–2023 / Darstellung: Johannes Liess/ Markus Miller

Abbildung 3d Quelle: Bundesbank Monatsbericht 4–2023 / Darstellung: Johannes Liess/Markus Miller

Abbildung 3e Quelle: Bundesbank Monatsbericht 4–2023 / Darstellung: Johannes Liess/Markus Miller

Abbildung 3f Quelle: Bundesbank Monatsbericht 4–2023 / Darstellung: Johannes Liess/ Markus Miller

Abbildung 4a Icons: Adobestock/Polina Tomtosova, Adobestock/Ludmila, Adobestock/bioraven, Markus Miller / Zusammenstellung: Johannes Liess/Markus Miller

Abbildung 4b Quelle: Statistisches Bundesamt / Darstellung: Johannes Liess/Markus Miller

Abbildung 5a Icons: Adobestock/Polina Tomtosova, Adobestock/Ludmila, Adobestock/bioraven, Markus Miller / Zusammenstellung: Johannes Liess/Markus Miller

Abbildung 5b Icons: Adobestock/Polina Tomtosova, Adobestock/Ludmila, Adobestock/bioraven, Markus Miller / Zusammenstellung: Johannes Liess/Markus Miller

Abbildung 5c Icons: Adobestock/Polina Tomtosova, Adobestock/Ludmila, Adobestock/bioraven, Markus Miller / Zusammenstellung: Johannes Liess/Markus Miller

Anmerkungen

Kapitel 1

1 Dennis und Donella Meadows, Erich Zahn, Peter Milling: Die Grenzen des Wachstums. Bericht des Club of Rome zur Lage der Menschheit. Deutsche Verlags-Anstalt 1972.

2 Laut www.destatis.de beträgt die Verkehrsfläche in Deutschland 1,8 Millionen Hektar. Abgerufen am 11.1.2024.

3 Trendstudie Jugend in Deutschland 2023.

4 Laut Bundesumweltamt ist der Anteil des Ökostroms an der produzierten Energie erstmals im Jahr 2023 über 50 Prozent gestiegen. Der Anteil 2023 an Elektroautos betrug zwei Prozent. D. h. 50 Prozent x 2 Prozent = 1 Prozent. Abgerufen am 11.1.2024 bei www.bundesumweltamt.de.

5 www.maserati.com/de/de/modelle/mc20. Abgerufen am 11.1.2024.

6 Im Jahr 2000 überstieg die Anzahl der Übergewichtigen die der Untergewichtigen. Aktuell haben zehn Prozent der Weltbevölkerung Hunger, und 50 Prozent sind adipös. Siehe www.destatis.de und www.who.int. Abgerufen am 11.1.2024.

7 Am 21.8.2022 flogen 80 Politikerinnen und Journalisten ohne Masken in einem Regierungsflugzeug nach Kanada, während im öffentlichen Flug- und Zugverkehr noch Maskenpflicht herrschte.

8 Bertelsmann Stiftung: Faktencheck Gesundheit. Knieoperationen. 2013.

9 Der ADAC bestätigt, 54 Prozent seiner Mitglieder sind für ein Tempolimit: www.adac.de. Bei anderen Umfragen steigt der Anteil der Befürworterinnen auf bis zu 64 Prozent: www.statista.de. Abgerufen am 11.1.2024.

10 Ein wunderbares Büchlein hierzu ist: Hartmut Rosa: Unverfügbarkeit. Suhrkamp 2020. Aber auch das Buch von Eva von Redecker: Revolution für das Leben. S. Fischer 2020 möchte ich hier erwähnen.

11 Im Jahr 1944 veröffentlichte Friedrich Hayek das Buch *Der Weg zur Knechtschaft* als Mahnung vor dem Sozialismus. Freiheit gab es für ihn nur im Kapitalismus. Vielleicht war das eine Fehleinschätzung.

12 Abraham H. Maslow: A Theory of Human Motivation. In: Psychological Review 1943, Vol. 50.

13 Pierre Pichère, Anne-Christine Cadiat: Die Bedürfnispyramide. Menschliche Bedürfnisse verstehen und einordnen. www.50Minuten.de 2018.

14 Clayton P. Alderfer: Existence, Relatedness and Growth. Human Needs in Organizational Settings. Free Press 1972.

15 Einen guten Überblick hierzu bietet das von Michael North herausgegebene Buch: Deutsche Wirtschaftsgeschichte: Ein Jahrtausend im Überblick. C. H. Beck 2005.

16 Theodor Beck: James Watt und die Erfindung der Dampfmaschine. SEVERUS Verlag 2019.

17 Deutsche Bundesbank: Studie zur wirtschaftlichen Lage privater Haushalte (PHF). 2016.

18 www.boerse.de. Abgerufen am 12.1.2024.

19 Jedes Jahr sterben fast neun Millionen Menschen einen gewaltsamen Tod: acht Millionen durch Hunger, 250.000 durch Kriege und 500.000 werden ermordet. www.care.at, www.globometer.com und www.statista.com. Abgerufen am 12.1.2024.

20 www.greanpeace.de. Abgerufen am 12.1.2024.

21 Schon im Jahr 1963 ist der Klassiker hierzu, *Der Stumme Frühling* von Rachel Carson, erschienen (C.H. Beck 2019). Einen aktuellen und erschütternden Überblick bietet das Buch *Vom Verschwinden der Arten* von Friederike Bauer. Klett-Cotta 2023.

22 Heinrich Böll Stiftung et al.: Bodenatlas. Daten und Fakten über eine lebenswichtige Ressource. 2024.

23 Thomas Unnerstall: Faktencheck Nachhaltigkeit: Ökologische Krisen und Ressourcenverbrauch unter der Lupe. Springer 2021.

24 Sachverständigenrat für Umweltfragen. Umwelt und Gesundheit konsequent zusammendenken. Sondergutachten 2023.

25 Stefan Rahmstorf, Hans Joachim Schellnhuber: Der Klimawandel. C.H. Beck 2019.

26 Marion Möhle: Globale soziale Ungleichheit. Über die Verteilung von Ressourcen. Kohlhammer 2023.

27 Ilja Trojanow, Juli Zeh: Angriff auf die Freiheit: Sicherheitswahn, Überwachungsstaat und der Abbau bürgerlicher Rechte. Hanser 2009.

28 Manfred Spitzer: Cyberkrank! Wie das digitalisierte Leben unsere Gesundheit ruiniert. Droemer 2017.

29 Nach wie vor aktuell: Propaganda: Die Kunst der Public Relations von Edward Bernays. Orange Press 2011. Die erste Veröffentlichung war 1928.

30 Jule Bosch, Lukas Bosch: ÖKOnomie. So retten führende Unternehmensaktivistinnen unsere Zukunft. Campus 2021.

31 Naomi Klein: Warum nur ein Green New Deal unseren Planeten retten kann. Hoffmann und Campe 2019.

32 Eine gute Zusammenstellung spannender Texte zur Postwachstumsgesellschaft findet sich schon in dem von Harald Welzer und Klaus Wiegandt herausgegebenen Buch: Wege aus der Wachstumsgesellschaft. Fischer Taschenbuch 2013.

33 Kohei Saito: Systemsturz. Der Sieg der Natur über den Kapitalismus. Dtv 2023.

34 Antoine de Saint-Exupéry: Die Stadt in der Wüste. Karl Rauch 2009. Unvollständig und posthum erstmalig erschienen 1948.

35 Auf dem Weltnaturgipfel 2022 in Montreal (COP15) wurde beschlossen, 30 Prozent der Land- und Wasserflächen unter Naturschutz zu stellen. Deutschland als Teilnehmer der Konferenz hat sich diesem Beschluss angeschlossen. www.international-climate-initiative.com. Abgerufen am 12.1.2024.

Kapitel 2

1 Genesis 1.28.

2 Der Energieverbrauch der Welt steigt jedes Jahr. Abgerufen am 22.2.2024 auf www.enerdata.net.

3 Antoine de Saint-Exupéry: Der kleine Prinz. Mit den Zeichnungen des Verfassers. Aionas Verlag 2016.

4 Die Berliner Wasserbetriebe verkaufen einen Kubikmeter Trinkwasser für 1,81 Euro. Zu diesem Preis kann man auch einen Liter Mineralwasser in der Flasche kaufen. Ein Kubikmeter hat 1.000 Liter.

5 Umweltbundesamt: Wassernutzung privater Haushalte. Abgerufen am 22.2.2024 auf www.umweltbundesamt.de.

6 Bundesministerium für Umwelt, Naturschutz, nukleare Sicherheit und Verbraucherschutz. Abgerufen am 22.2.2024 auf www.bmuv.de.

7 Mit der Ökodesign-Verordnung vom 5.12.2023 ist es jetzt in der EU verboten, neue Kleidung zu vernichten. Abgerufen auf www.bmuv.de am 22.2.2024.

8 Der Anteil der Einpersonenhaushalte hat 2022 den Wert von 41 Prozent erreicht. Abgerufen auf www.destatis.de am 22.2.2024.

9 Wachsen die Wohnflächen wie bisher mit 0,5 Quadratmeter pro Jahr, dann müssten hierfür jedes Jahr 40 Millionen Quadratmeter gebaut werden. Das sind 800.000 Wohnungen mit jeweils 50 Quadratmeter. Würde sich die Wohnfläche um nur einen Quadratmeter verringern, dann hätten wir auf einmal 1,6 Millionen Wohnungen zu viel.

10 Die Wohnkosten steigen schneller als die Alterseinkommen. In: DIW: Immer mehr ältere Haushalte sind von steigenden Wohnkosten schwer belastet. Abgerufen am 22.2.2024 auf www.diw.de.

11 Vergleiche die Musterbauordnung mit der Bauordnung von Mecklenburg-Vorpommern.

12 Die Zeit: Infografik *Lebensläufe* vom 30.4.2014.

13 Siehe www.destatis.de, abgerufen am 22.2.2024.

14 Siehe www.destatis.de, abgerufen am 22.2.2024.

15 Bundesministerium für Verkehr und digitale Infrastruktur: Mobilität in Deutschland. Ergebnisbericht 2019. Abgerufen am 22.2.2024 auf www.mobilitaet-in-deutschland.de.

16 Eigene Berechnungen.

17 Carlos Moreno: La ville du quart d'heure: pour un nouveau chrono-urbanisme. In: La Tribune 5.10.2016.

18 Laut Umweltbundesamt lag der Gesamtenergieverbrauch 1990 bei 14.905 Petajoule und im Jahr 2022 bei 11.750 Petajoule. Regenerative Energien hatten einen Anteil 1990 von 196 Petajoule und 2022 von 2.071 Petajoule. www.umweltbundesamt.de, abgerufen am 22.2.2024.

19 Von den im Jahr 2022 verbrauchten 11.750 Petajoule wurden 2.071 Petajoule nachhaltig erzeugt. Damit sind die 20 Prozent noch nicht ganz erreicht, aber spätestens 2024 werden wir diese Marke erreichen. Siehe auch Anmerkung 18.

20 Primärenergieverbrauch der Privaten Haushalte. Abgerufen am 23.2.2024 auf www.bundesumweltamt.de.

21 Pkws, die mit eFuels fahren, haben einen Wirkungsgrad von 10–15 Prozent. D. h. sie verbrauchen fünf- bis zehn-mal so viel wie ein Elektroauto.

22 Johann Heinrich von Thünen Institut, Rainer Klepper: Energie in der Nahrungsmittelkette. Arbeitsberichte aus der vTI-Agrarökonomie 06–2011.

23 Weltagrarbericht: Wege aus der Hungerkrise. Abgerufen am 23.2.2024 auf www.weltagrarbericht.de.

24 Europäisches Parlament: Umweltauswirkungen von Textilproduktion und -abfällen. Abgerufen am 23.2.2024 auf www.europarl.europa.eu.

25 Der Wäschetrockner verbraucht je Waschgang doppelt so viel Energie wie die Waschmaschine. Lufttrocknung ist gut für die Umwelt und schont die Kleidung.

26 Bundesinstitut für Bau, Raum und Stadtforschung: Umweltfußabdruck von Gebäuden in Deutschland. 2020. www.bbsr.bund.de, abgerufen am 23.2.2024.

27 Der Anteil der Haushalte, die mit Strom heizen, beträgt 4,8 Prozent. Da der Strom zu 80 Prozent aus fossilen Energieträgern produziert wird, beträgt der Anteil des nachhaltigen Stromverbrauchs für die Gebäudeheizung nur ein Prozent. Abgerufen am 23.2.2024 auf www.bmwk-energiewende.de.

28 Bundesministerium für Wirtschaft und Klimaschutz. Energieeffizienz in Zahlen. Entwicklungen und Trends in Deutschland 2021. Abgerufen am 23.2.2024 auf www.bmwk.de.

29 Institut für ökologische Wirtschaftsforschung, Dirk Scheer: Nachhaltigkeit im Bereich Bauen und Wohnen – ökologische Bewertung der Bauholz-Kette. Abgerufen am 23.2.2024 auf www.ioew.de.

30 Umweltbundesamt: Fahrleistung, Verkehrsleistung und Modal Split. Abgerufen am 23.2.2.024 auf www.umweltbundesamt.de.

31 Eigene Berechnung.

32 Umweltbundesamt: Klimaschutzinstrumente im Verkehr. Bausteine für einen klimagerechten Verkehr. 2024. Abgerufen am 23.2.2024 auf www.umweltbundesamt.de.

33 Siehe Anmerkung 17.

34 www.statista.de, abgerufen am 23.2.2024.

35 Umweltbundesamt: Ressourcenbericht 2022 – Die Nutzung natürlicher Ressourcen. Eine sehr gute Übersicht zum weltweiten Materialverbrauch findet man auch in dem Buch von Werner Sobek: *non nobis – über das Bauen in der Zukunft. Band 1: Ausgehen muss man von dem, was ist.* (Das Comic-Design einfach ignorieren.)

36 Siehe Anmerkung 35.

37 Umweltbundesamt: Kleider mit Haken. Fallstudie zur globalen Umweltinanspruchnahme bei der Herstellung unserer Kleidung. Abgerufen am 22.2.2024 auf www.umweltbundesamt.de.

38 Siehe Anmerkung 35.

39 www.sekem.com, abgerufen am 22.2.2024.

40 Dena Gebäudereport 2023. Abgerufen am 22.2.2024 auf www.dena.de.

41 Bundesministerium für Ernährung und Landwirtschaft: Der Wald in Deutschland. Ausgewählte Ergebnisse der Bundeswaldinventur. Abgerufen am 22.2.2024 auf www.bundeswaldinventur.de und eigene Berechnungen.

42 Eigene Berechnung.

43 Siehe Anmerkung 35.

44 Bundesstiftung Baukultur: Baukultur Bericht 2022/23 neue Umbaukultur. Abgerufen am 22.2.2024 auf www.bundesstiftung-baukultur.de und eigene Berechnungen.

45 Siehe Anmerkung 35.

46 Brot für die Welt, Misereor, PowerShift: Weniger Autos, mehr globale Gerechtigkeit. Warum wir die Mobilitäts- und

Rohstoffwende zusammen denken müssen. 2021.

47 Heinrich Böll Stiftung, VCD: Mobilitätsatlas. Daten und Fakten für die Verkehrswende. 2019.

48 Eigene Berechnungen.

49 www.destatis.de, abgerufen am 23.2.2024.

50 Eigene Zuordnung.

51 Umweltbundesamt: Ressourcenbericht 2022 – Die Nutzung natürlicher Ressourcen.

52 Heinrich Böll Stiftung, BUND, TMG: Bodenatlas. Daten und Fakten über eine lebenswichtige Ressource. 2024.

53 Abgerufen auf www.greenpeace.de am 23.2.2024.

54 wwf: Nahrungsmittelverbrauch und Fußabdrücke des Konsums in Deutschland: Eine Neubewertung unserer Ressourcennutzung. 2015.

55 Der Fleischkonsum soll um die Hälfte sinken. Die Bundesregierung möchte die Nahrungsmittelsituation in Deutschland nachhaltig verbessern und hat im Januar den Vorschlag des Ministeriums für Ernährung und Landwirtschaft beschlossen: Gutes Essen für Deutschland. Ernährungsstrategie der Bundesregierung. 2024.

56 Bundesumweltamt: Von der Welt auf den Teller. Kurzstudie zur globalen Umweltinanspruchnahme unseres Lebensmittelkonsums. 2020.

57 Ebd.

58 Europäisches Parlament: Umweltauswirkungen von Textilproduktion und -abfällen. Abgerufen am 23.2.2024 auf www.europarl.europa.eu.

59 Verteilung der Faserproduktion weltweit nach Faserart im Jahr 2022. Abgerufen am 24.2.2024 auf www.statista.de.

60 www.destatis.de, abgerufen am 24.2.2024.

61 Abgerufen beim Bundesumweltamt auf www.bundesumweltamt.de am 24.2.2024.

62 Statistisches Bundesamt: Flächennutzung. Abgerufen am 24.2.2024 auf www.destatis.de.

63 Eigene Berechnungen unter Berücksichtigung der Veröffentlichung: Büro für Technik-Folgenabschätzung beim Deutschen Bundestag: Chancen und Herausforderungen neuer Energiepflanzen. Abgerufen am 24.2.2024 auf www.kit.edu.

64 Fraunhofer ISE, Harry Wirth: Aktuelle Fakten zur Photovoltaik in Deutschland. Download von www.pv-fakten.de, Fassung vom 16.1.2024.

65 Eigene Berechnungen. Daten von www.destatis.de, abgerufen am 24.2.2024.

66 Arbeitszeiten einzelner Länder 2020 nach einer Studie der OECD. Abgerufen am 24.2.2024 auf www.oecd.org.

67 Angelehnt an ein Zitat von Gerhard Schröder beim Besuch eines Opel Werkes 2022: Wir können nicht davon leben, wenn wir uns gegenseitig die Haare scheiden. Er wollte darauf aufmerksam machen, dass die Industriearbeit das Rückgrat unserer Wirtschaft ist.

68 www.destatis.de, abgerufen am 24.2.2024.

69 Bundesministerium für Wirtschaft und Klimaschutz: Artikel Wirtschaftsbranchen. Abgerufen am 24.2.2024 auf www.bmwk.de.

70 David Graeber: Bullshit Jobs: Vom wahren Sinn der Arbeit. Klett-Cotta 2019.

71 Evi Hermann: Wie viele Sklaven halten Sie? Über Globalisierung und Moral. Campus 2016.

Kapitel 3

1 Martin Buber: Alles wirkliche Leben ist Begegnung. Wenn wir aufhören, uns zu begegnen, ist das, als hörten wir auf zu atmen. In: Ich und Du. Gütersloher Verlagshaus 1999.

2 Nach Aussage von Martin Schröder ist die Lebenszufriedenheit am größten, wenn wir fünf gute Freunde haben, nicht mehr und nicht weniger. In: Wann sind wir wirklich zufrieden? Überraschende Erkenntnisse zu Arbeit, Liebe, Kinder, Geld. Penguin 2021.

3 Ein Kind mit Nahrung zu versorgen kostet 0,50 Euro am Tag. D. h. es würde eine Milliarde Euro kosten, um alle bedrohten fünf Millionen Kinder ein Jahr lang vorm Verhungern zu retten. Siehe www.wfp.de, www.unicef.de, www.statista.de, abgerufen am 15.2.2024.

4 Gesamtverband der Deutschen Versicherungswirtschaft e. V.: Sicherheitsempfinden und Fahrverhalten von SUV-Fahrer:innen. 2021.

5 Die Mediennutzung junger Menschen hat sich in den letzten 50 Jahren von 3:30 auf bis zu 10:00 Stunden täglich entwickelt. Massenkommunikation 1964–2020: Mediennutzung im Langzeitvergleich. Abgerufen am 1.2.2024 auf www.ard-media.de.

6 Die Einsamkeit ist 2021 in Deutschland auf 42 Prozent gestiegen. www.leben-in-deutschland.de. Gleichzeitig stieg die Zahl aktiver Nutzerinnen von Tinder auf 2,5 Millionen im Monat. www.statista.de. Beide abgerufen am 16.2.2024.

7 Im Jahr 2023 haben 257.000 Flüchtende das Mittelmeer nach Norden überquert. Ein Prozent ist dabei ertrunken. Abgerufen am 16.2.2024 auf www.unhcr.org.

8 Hierzu gibt es ein wunderschönes Buch von Hartmut Rosa: Resonanz. Eine Soziologie der Weltbeziehung. Suhrkamp 2019.

9 Siehe Anmerkung 1.

10 Hannah Arendt: Elemente und Ursprünge totaler Herrschaft. Antisemitismus, Imperialismus, Totalitarismus. Piper 2023. Original 1951 (Englisch) und 1955 (Deutsch).

11 Bisher bin ich etwa 30-mal umgezogen.

12 Sorry Rachel, ich bin einfach noch sauer, dass es keine neuen Folgen mehr von *Suits* gibt.

13 In jedem Haushalt in Deutschland wohnen durchschnittlich zwei Personen (2022). Jedoch sind fast die Hälfte, 41 Prozent, Singelhaushalte. Und nur 3,7 Prozent wohnen mit mindestens fünf Personen zusammen. Abgerufen 18.2.2024 auf www.destatis.de.

14 Ein Dorf hat etwa 100 Einwohner. Ein sehr gutes Buch über Dörfer von Gerald Henkel: Das Dorf. Landleben in Deutschland gestern und heute. Theiss in Herder 2020.

15 Carlos Moreno: La ville du quart d'heure: pour un nouveau chrono-urbanisme. In: La Tribune 5.10.2016.

16 Die Armutsgefährdungsquote liegt 2021 in Bremen bei 28,2 Prozent. Der Paritätische Gesamtverband: Paritätischer Armutsbericht 2022. Zwischen Pandemie und Inflation. Abgerufen am 18.2.2024 auf www.der-paritaetische.de.

17 Jede kennt jeden über sechs Jahren, behauptete Stanley Milgram 1967. Facebook kommt auf 3,6 Ecken. Es schwirren aber auch noch andere Zahlen im Netz herum.

18 Amartya Sen: Die Idee der Gerechtigkeit. C.H. Beck 2020.

19 Aktuell sind das für Essen Cem Özdemir, für Wohnen Klara Geywitz, für Autos Volker Wissing, für Gesundheit

Karl Lauterbach, für Arbeit Hubertus Heil und für Finanzen Christian Lindner.

20 Die Altersgruppe von 0–20 und ab 65 Jahren beträgt jeweils 19 Prozent. Die höchste Erwerbstätigenquote haben die Jahrgänge 45–49 mit 87,3 Prozent. www.destatis.de, abgerufen am 18.2.2024.

21 Laut IAB waren 2022 rund zwei Millionen Stellen nicht besetzt. Dem stehen 2,8 Millionen Arbeitslose gegenüber. www.iab.de und www.arbeitsagentur.de, abgerufen am 18.2.2024.

22 In Deutschland wurden im Jahr 2022 insgesamt 61 Milliarden Arbeitsstunden geleistet. Teilt man diese auf die arbeitende Bevölkerung auf, ergibt das 30 Stunden pro Woche. Abgelesen am 18.2.2024 auf www.statistikportal.de.

23 Es arbeiten in Deutschland 75,3 Prozent im tertiären Sektor. www.destatis.de, abgerufen am 22.2.2024.

24 Laut Martin Schröder machen mehr als 2.000 Euro im Monat nicht glücklicher. In: Wann sind wir wirklich zufrieden? Überraschende Erkenntnisse zu Arbeit, Liebe, Kinder, Geld. Penguin 2021.

25 Die EU-Länder haben am 22.12.2023 die neue Ökodesign-Verordnung beschlossen. Damit wir die Vernichtung unverkaufter Kleidung untersagt. Abgelesen am 18.2.2024 auf www.bmuv.de.

26 www.umweltbundesamt.de, abgerufen am 18.2.2024.

27 Im Jahr 2024 gelten die folgenden Beträge. Steuerfreibetrag: 967 Euro, www.bundesfinanzministerium.de. Baföghöchstsatz: 934 Euro, www.bafög.de. Bürgergeld 563 Euro + Wohnung ca. 500 Euro, www.arbeitsagentur.de. Alle abgerufen am 18.2.2024.

28 Mit einem Grundgehalt von 25.000 Euro plus ein paar Zulagen kommt der Bundeskanzler auf 360.000 Euro im Jahr brutto. Nach Steuern verbleiben ihm davon rund 20.000 Euro im Monat.

29 Bertholt Brecht: Erst kommt das Fressen, dann kommt die Moral. In: Die Dreigroschenoper von 1928.

30 Die privaten Konsumausgaben betragen durchschnittlich 2022: Nahrung 15 Prozent, Kleidung vier Prozent, Wohnen 36 Prozent und Mobilität zwölf Prozent. www.destatis.de, abgerufen am 18.2.2024.

31 Genau: 49,5 Prozent. Abgerufen am 18.2.2024 auf www.destatis.de.

32 Die Konsumausgaben der privaten Haushalte betrugen im Jahr 2022 1,98 Billionen Euro. Statistisch ist hierzu noch die Sparquote von elf Prozent hinzuzurechnen. Da aber nur die reicheren Haushalte die Möglichkeit haben zu sparen, wird sie hier nicht berücksichtigt.

33 Die Armut wird statistisch entweder als 60 Prozent vom Median oder 50 Prozent vom Durchschnitt berechnet. In beiden Fällen beträgt die Armutsgrenze 1.200 Euro im Monat.

34 Stand 22.1.2024 ist Dieter Schwarz mit 46,4 Milliarden Euro der reichste Deutsche. Abgerufen am 18.2.2024 auf www.statista.de. Eigene Berechnungen.

35 Diese Angaben basieren auf den gewichteten Haushaltsnettoeinkommen. Die Gewichtung erfolgt mit 1,0 für den ersten Erwachsenen in einem Haushalt, 0,5 für jeden weiteren Erwachsenen und 0,3 für jedes Kind unter 14 Jahren.

36 46 Milliarden Euro x 13 Prozent = sechs Milliarden Euro. Das ist ein Einkommen von 500 Millionen Euro im Monat.

37 Am 10.6.2021 sagt Klaus Wowereit den Satz: *Ich bin schwul, und das ist auch gut so!*

38 Siehe Anmerkung 33.

39 800 Euro entsprechen dem Bürgergeld von 563 Euro plus einer sehr kleinen Warmmiete von 237 Euro. Weniger geht nicht.

40 Am 10.3.2021 hat das Bundeskabinett letztmalig die Weiterentwicklung der deutschen Nachhaltigkeitsstrategie beschlossen. Siehe www.bundesregierung.de, abgerufen am 18.2.2024.

41 Im Jahr bräuchte es 30 Milliarden Euro, um alle Menschen in Deutschland aus der Armut zu befreien. Das entspricht drei Prozent des Einkommens des reichsten Prozentes von 1.000 Milliarden Euro.

42 Da diese Menschen immer noch am unteren Rand der Einkommen liegen, würden sie dieses komplett konsumieren. Das reichste eine Prozent in Deutschland könnte das Geld also sofort wieder einsammeln.

43 Durchschnittlich verdient ein DAX-Vorstand sechs Millionen Euro im Jahr. www.statista.de, abgerufen am 18.2.2024.

44 Laut OXFAM ist das reichste Prozent für 16 Prozent der CO_2-Emissionen verantwortlich. www.oxfam.de, abgerufen am 18.2.2024.

45 Karl Marx. Das Kapital, Band 1, Fußnote 250: *Mit entsprechendem Profit wird Kapital kühn. Zehn Prozent sicher, und man kann es überall anwenden; 20 Prozent, es wird lebhaft; 50 Prozent, positiv waghalsig; für 100 Prozent stampft es alle menschlichen Gesetze unter seinen Fuß; 300 Prozent, und es existiert kein Verbrechen, das es nicht riskiert.*

46 Eigene Berechnung. Abgerufen am 18.2.2024 auf www.destatis.de.

47 Während der Debatte zur Rentenreform sagte Konrad Adenauer: *Kinder kriegen die Leute immer.* 1957. Abgerufen am 19.2.2024 auf www.bundestag.de.

48 Der Bafög-Höchstsatz beträgt 934 Euro. Abgerufen am 19.2.2024 auf www.bafög.de.

49 Bei einem Stundenlohn von 12,41 Euro und 40 Stunden pro Woche ergibt das ein Bruttolohn von 2151 Euro im Monat. www.bmas.de, abgelesen am 19.2.2024.

50 Eigene Berechnungen. Daten von www.destatis.de, abgelesen am 19.2.2024.

51 Es wurden 151 Milliarden Euro an 11,7 Rentenempfänger gezahlt. Geschäftsbericht der Deutschen Rentenversicherung 2022. Abgerufen am 19.2.2024 auf www.deutsche-rentenversicherung.de.

52 Dieser Vorschlag entspricht auch ziemlich genau dem Schweizer Rentensystem mit seinen drei Säulen: Staat, Arbeit, Privat. Siehe www.ch.ch.

53 Zuschuss des Bundes 2022 zur Rentenversicherung 36 Milliarden Euro von 165 Milliarden Euro. Geschäftsbericht der Deutschen Rentenversicherung 2022. Abgerufen am 19.2.2024 auf www.deutsche-rentenversicherung.de.

54 Siehe www.demokratie-portal.de, abgerufen am 19.2.2024.

55 Diese Worte sprach Norbert Blüm erstmalig 1986. Berühmt wurden sie aber im Wahlkampf 1997. Abgerufen 19.2.2024 auf www.bundestag.de.

56 Die Hälfte des BIP von vier Billionen Euro wird über Arbeitsnehmerinneneinkommen mit zwei Billionen Euro verteilt. Vermögenseinkommen betragen mit einer Billionen Euro nur die Hälfte davon. www.destatis.de, abgerufen am 19.2.2024.

57 Bei einer Staatsquote von 50 Prozent entfallen auf die Arbeitseinkommen eine Billiarde Euro Umlagen. Siehe auch Anmerkung 56.

58 Bei einer Reduzierung des BIP um ein Viertel würde Deutschland vom dritten auf den vierten Platz der größten Volkswirtschaften abrutschen. Es läge damit hinter Indien. Aber das wird es aufgrund des stabilen Wirtschaftswachstums in Indien in ein paar Jahren sowieso.

59 Monatsbericht der Bundesbank 4/2023. Abgerufen am 19.2.2024 auf www.bundesbank.de.

60 In der Fachliteratur wird der Begriff *Gebrauchsvermögen* verwendet. Dieser beinhaltet im Unterschied zu diesem Ansatz aber nicht die selbst genutzte Immobilie.

61 Das Vermögen berechnet sich aus: 8.000 Euro x 12 Monate / 5 % = 1,9 Millionen Euro.

62 Die Stiftungen in Deutschland haben zusammen ein Vermögen von 110 Milliarden Euro. Bundesverband Deutscher Stiftungen: Zahlen, Daten, Fakten 2021. Abgerufen am 19.2.2024 auf www.stiftungen.org.

63 Vermögen wachsen exponentiell. Bei einer jährlichen Rendite von fünf Prozent verdoppelt sich ein Vermögen nach 14 Jahren, bei zehn Prozent nach sieben Jahren und bei 15 Prozent nach fünf Jahren.

64 Stiftung Preußische Schlösser und Gärten Berlin-Brandenburg, www.spsg.de. Abgerufen am 22.2.2024.

65 Tätigkeitsbericht 2022 der Robert Bosch Stiftung. www.bosch-stiftung.de. Abgerufen am 22.2.2024.

66 Bei einer Arbeitsbeteiligung von 50 Prozent steht jedem des reichsten Prozentes 50 Mitarbeiterinnen zur Verfügung.

67 Abgerufen am 19.2.2024 auf www.nestle.de.

68 Abgerufen am 19.2.2024 auf www.morningstar.de.

69 Abgerufen am 19.2.2024 auf www.statista.de.

70 Der Einkommensunterschied beläuft sich auf den Faktor 400.000. Teilt man den Vermögensunterschied von 46 Milliarden durch diesen Faktor, macht das 115.000-mal.

71 Das Gesamtvermögen der privaten Haushalte betrug 2023 netto 20 Billionen Euro. Abgerufen 19.2.2024 auf www.destatis.de.

72 Eigene Berechnungen auf der Grundlage von: Deutsche Bundesbank: Monatsbericht April 2023. www.bundesbank.de. Und: *MillionärInnen unter dem Mikroskop: Datenlücke bei sehr hohen Vermögen geschlossen – Konzentration höher als bisher ausgewiesen.* In DIW Wochenbericht 29–2020. www.diw.de. Beide abgerufen am 19.2.2023.

73 Immobilien machen zwei Drittel des Gesamtvermögens der privaten Haushalte aus. Statistisches Bundesamt: Sektorale und Gesamtwirtschaftliche Vermögensbilanz 1999–2022. 2023.

74 Stiftung Familienunternehmen: Die Rolle der Betriebsvermögen in der Vermögensverteilung. 2021.

75 Siehe Anmerkung 74.

76 Kraftfahrtbundesamt: Am 1.1.2023 gab es 48,8 Millionen Pkw in Deutschland. www.kba.de. Abgerufen am 19.2.2024.

77 Ein Drittel des Vermögens von 20 Billionen Euro sind 6,7 Billionen Euro. Die 40 Prozent oberhalb der Mitte sind 33 Millionen Menschen, die obersten zehn Prozent ohne das höchste Prozent sind 7,4 Millionen Menschen und das höchste Prozent sind 0,82 Millionen Menschen. Siehe auch Anmerkung 71.

78 Die Rechnung: 10 Zentimeter x 6.000 = 600 Meter.

79 Bei einer Rendite von fünf Prozent ergeben zwei Millionen Euro Vermögen einen Zuwachs von 100.000 Euro im Jahr. Aufgeteilt auf zwölf Monate macht das 8.000 Euro pro Monat.

80 Die Lohnkosten von zwei Milliarden Euro im Jahr entstehen bei Ansatz von netto 4.000 Euro pro Monat. Transparency International Deutschland e. V.: Lobbyregister: Im Bundestag kommen 38 Lobbyisten auf jeden Abgeordneten. 2022. Abgerufen am 19.2.2024 auf www.transparency.de.

81 Siehe Anmerkung 63.

82 240.000 Euro Vermögen x 5 Prozent Rendite / 12 Monate = 1.000 Euro pro Monat.

Kapitel 4

1 Gut bekannt als Slogan einer Drogeriemarktkette. Im Original aber von Johann Wolfgang Goethe: Faust. Der Tragödie Erster und Zweiter Teil. Reclam 2020.

2 Das Grundgesetz für die Bundesrepublik Deutschland vom 23.5.1949 wurde zuletzt am 19.12.2022 geändert, das war die 67. Änderung in 73 Jahren. Abgerufen am 1.2.2024 auf www.bundestag.de.

3 Im Jahr 2009 legte John Hattie eine berühmt gewordene Metastudie vor: *Visible Learning*. Darin untersucht er, welche Faktoren den größten Einfluss auf das schulische Lernen haben. An erster Stelle sind das Persönlichkeitsmerkmale der Schüler, Selbsteinschätzung und Intelligenz. Diese sind für 50 Prozent des Lernerfolgs verantwortlich. An zweiter Stelle steht die Fähigkeit der Lehrkraft, sie beeinflusst die Lernleistung mit 30 Prozent.

4 Seit zwölf Jahren verschlechtern sich die Ergebnisse der PISA-Studie in Deutschland. In Mathematik um 39 Punkte, in Lesen um 28 Punkte und in Naturwissenschaft um 32 Punkte (Vergleich 2012 mit 2022). Abgerufen am 1.2.2024 auf www.oecd.org.

5 Nimmt man die PISA-Studie als Referenz, dann entspricht der Rückgang 2012–2022 von 39 Punkten in Mathematik einem Rückgang des IQ von sieben bis acht Punkten.

6 Abgerufen am 1.2.2024 auf www.deutsches-schulportal.de.

7 Unser Schulsystem und die Notenvergabe sind heiß umstritten. Prominente Vertreter meines Standpunkts sind: Richard David Precht: Anna, die Schule und der liebe Gott: Verrat des Bildungssystems an unseren Kindern. Goldmann 2013. Und: Gerald Hüther: #Education For Future: Bildung für ein gelingendes Leben. Goldmann 2020.

8 Für die Sanierung seiner Schulen hat Berlin 2016 das Programm *Schulbauoffensive* aufgelegt. Wegen Geldmangel wird es jetzt massiv gekürzt. Abgerufen am 1.2.2024 auf www.berlin.de.

9 Statistisches Bundesamt, Angaben von 2022 und eigene Berechnung. Schüler 8,4 Milliarden, Lehrer 0,71 Millionen, Eltern 10,2 Millionen, Personal 0,2 Millionen. Abgerufen am 1.2.2024 auf www.destatis.de.

10 Statistisches Bundesamt: Bildungsfinanzbericht 2023. Abgerufen am 1.2.2024 auf www.destatis.de.

11 Statistisches Bundesamt: Bildung und Kultur, Nichtmonetäre hochschulstatistische Kennzahlen. 2022. Abgerufen am 1.2.2024 auf www.destatis.de.

12 Magisterprüfungsordnung der Freien Universität Berlin vom 18.2.1991. Abgerufen am 1.2.2024 auf www.fu-berlin.de.

13 Statistisches Bundesamt: Ausgaben für Forschung und Entwicklung im Jahr

2021 auf neuem Höchststand. Pressemitteilung vom 8.3.2023.

14 Siehe Anmerkung 10.

15 Statistisches Bundesamt: Basistabelle Ausgaben für Forschung und Entwicklung. Abgerufen am 1.2.2024. www.destatis.de.

16 Im Original von Novalis: *Jeder Mensch sollte Künstler sein.*

17 Universität Duisburg Essen, Institut Arbeit und Qualifikation. Abgerufen am 1.2.2024 auf www.sozialpolitik-aktuell.de.

18 Die Mediennutzung junger Menschen hat sich in den letzten 50 Jahren von 3:30 auf 10:00 Stunden entwickelt. Massenkommunikation 1964–2020: Mediennutzung im Langzeitvergleich. Abgerufen am 1.2.2024 auf www.ard-media.de.

19 Pressemitteilung des Atelierbeauftragten für Berlin: Basisdaten Bedarfserhebung Ateliersituation 2023. Abgerufen am 1.2.2024 auf www.bbk-kulturwerk.de.

20 Daniel Schreiber: Zuhause. Die Suche nach dem Ort, an dem wir leben wollen. Suhrkamp 2022.

21 www.kuenstlersozialkasse.de. Abgerufen am 1.2.2024.

22 Die Statistiken zur Religionszugehörigkeit sind sehr variabel. Diese Zahlen sind von www.thearda.de, abgerufen am 1.2.2024.

23 Gott persönlich: Genesis 1,28.

24 Forschungsgruppe Weltanschauung in Deutschland: Religionszugehörigkeit 2022. Abgerufen am 1.2.2024 auf www.fowid.de.

25 www.verdi.de, Abgerufen am 1.2.2024.

26 Die 600 Millionen verteilen sich etwa halbe-halbe auf Evangelische und Katholische Kirche. Hiermit geht die EKD sehr transparent um, siehe www.ekd.de.

27 Der Artikel 140 GG verweist auf mehrere Artikel aus der Verfassung vom 11.8.1919: Art. 137 (1) Es besteht keine Staatskirche.

28 Die Inszenierungskosten hat mir mein Freund Volker von der Staatsoper Stuttgart verraten.

29 Siehe Anmerkungen 10, 13, 15. Eigene Berechnung.

30 Laut Statistischem Bundesamt gibt es in Deutschland 123.300 Bildende Künstlerinnen (2019): Bildung und Kultur – Spartenbericht Bildende Kunst 2021.